한 권으로 끝내는
**부동산 투자 비법**

# 한 권으로 끝내는
# 부동산
# 투자 비법

정유나 지음

매일경제신문사

ㄱ

나는 현재 투자자이자, 수많은 자산가에게 부동산 자문을 하고 있다. 감히 말씀드리면 내가 만나 본 자수성가 부자들의 대부분은 지독한 가난을 겪었으며, 이로 인한 결핍이 있었던 경우가 많았다. 한 분야에 전문가가 되어 성공하기 위해서는 인생을 갈아 넣을 만큼 지독하게 열심히 잘해야만 부자가 될 수 있다고 생각한다. 열심히 그 일을 반복하고 시행착오를 겪다 보면 경험이 생기고 잘하게 될 수밖에 없다. 10년간 같은 일을 반복하면 어느 한 분야의 전문가가 된다고 한다.

자수성가 부자들은 어느 한 분야의 전문가인 경우가 많았고 전업 투자자인 경우보다는 사업소득이 있는 경우가 훨씬 많았다. 부동산을 공부하면서 생에 주기에 맞게 내 자산 포트폴리오를 바꿔나가야만 부자가 될 수 있다. 물론 아파트 한 채로 부자가 된 사람도 있다. 수십 년 동안 집 한 채만 보유할 경우 가치 상승은 있겠으나, 시기에 맞게 잘 갈아타서 더 커다란 자산을 불려 나간 사람과는 노후에 격차가 벌어진다.

예로, 강남 아파트가 폭등하면서 매도를 하고 꼬마빌딩으로 갈아탄 사례, 강북의 3억 원짜리 아파트를 사고 12억 원까지 폭등해서, 마포로 이주 후 20억 원까지 또다시 폭등 후 매도하고 강남으로 입성한 사례, 개발지 인근의 토지를 아주 저렴하게 사 100억 원 이상의 보상금을 받고 나온 사례, 다가구주택 및 빌라 위주의 월세차익형으로 300채 이상의 부동산에서 월 1억 원 이상 임대수입이 나오는 대표님의 사례 등 부동산을 시작한 사람과 부동산을 전혀 모르고 살아가는 사람의 인생은 시간이 지나면서 부의 격차가 현저히 차이 나는 것을 보며 안타까운 마음이 들었다. 이 사례들처럼 성공만 하면 너무 좋겠지만 안타깝지만, 부동산을 몰라서 실패하는 경우도 있다.

현금을 보유하고 있었지만, 부동산에 묻어두질 않아 현금이 소진된 상태로 노후를 맞이하는 사례, 은퇴 후 부동산에 관심이 생겨 처음으로 상가를 분양받았지만, 임대소득은커녕 관리비와 이자만 충당하며 40년간 근로소득으로 번 돈과 노후자금을 상가 한 채로 다 날려버리는 사례, 같은 값이면 우량한 물건을 사서 돈을 벌 기회가 많았으나 안목이 없어 자신의 눈에만 좋아 보이는 물건을 매입해 손해를 보고 매도하는 사례, 기획 부동산 회사에 속아 수십 년이 지나도 팔리지 않는 부동산을 구입한 사례 등 부동산을 공부하지 않으면, 이런 안타까운 경우가 생길 수 있다.

부동산 상승장에서 운 좋게 돈을 벌었다면, 부동산 하락장에서는 꾸준히 쌓은 안목으로 공부한 사람만이 돈을 벌 수 있고, 부동산 투자의 난이도가 그만큼 높아진다. 상승장이든 하락장이든 늘 부동산에 관심을 가지고, 꾸준한 공부를 통해 안목을 키워나가야 하는 것이 바로 이 이유 때문이다. 같은 돈으로 시작했지만 어떻게 투자하느냐에 따라 부의 격차는 점점 커진다. 그것이 바로 부동산을 보는 안목이다.

나의 어린 시절을 되돌아보면 특출나게 잘하는 것 하나 없이 학창시절을 보냈다. 우리 집은 늘 가난에 시달려야만 했다. 성인이 되고 나서 돈을 많이 벌겠다는 강한 의지로 바뀌며 남들 놀 때 일만 하며 청춘을 보냈다. 다행히도 종잣돈을 모을 수 있었고 전국각지를 돌아다니며 다양한 부동산을 보며 안목을 키우며 투자하게 되었다. 사고팔고를 반복하며 목돈이 모였고, 서울 및 수도권의 부동산을 하나씩 사 모으기 시작했다. 중간에 사업에 눈을 돌리면서 모텔 운영, 결혼정보회사 등을 운영했지만, 내 사업은 산으로 가게 되었다. 주식 및 비트코인도 오를 때 팔지 못하고, 내릴 때 결국 손절매를 하게 되었다. 결국 내게 남아 있는 것은 부동산이었다.

부동산 공부를 깊이 있게 해보고 싶어 공인중개사 자격을 취득한 이후 더 많은 신뢰를 얻고, 나의 경험을 바탕으로 부동산 컨설팅을 해오고 있다. 누구나 하나쯤은 잘하는 것이 있다는 것이 나의 지론이다.

그동안 겪은 시행착오들을 바탕으로 탁상공론이 아닌, 실전 부동산 투자에 통용될 수 있는 한 권의 책으로 엮어 봤다. 이 책을 계기로 부동산에 한 걸음 다가가서 투자를 실행으로 옮겨 자산을 불려 나가길 바란다. 성공에 익숙해지면 무슨 목표이든 할 수 있다는 자신감이 생긴다. 간절하고 치열하고 겸손하게 버틴 순간들은 당신에게 반드시 눈부신 결과로 돌아올 것이다. 스스로 믿고 꾸준히 앞으로 나아가며 열심히 해 하루를 알차게 보낸다면 당신에게 놀라운 결과를 선물할 것을 확신한다.


## 고마운 사람들

우선 이 책을 낼 수 있게 도와주신 출판사에 마음을 다해 감사드린다. 그리고 옆에서 늘 힘이 되어주는 가족과 늘 내 편이 되어주는 열이씨 주변 고마운 지인들, 이 책을 위해 추천사를 적어주신 대표님들께 감사드린다. 이 책을 낼 수 있게 도와주신 '내 집 마련 아카데미' 박준석 대표님, 늘 부동산 관점으로 건축과 법률문제를 맡아주시는 한일규 변호사님, 이 책을 쓰면서 세금 부분을 감수해주신 안수남 세무사님께 감사한 마음이다. 고마운 분들께 이 책을 바치며 책을 처음 접하는 모든 분에게 기억에 오래도록 남는 책이 되길 바란다. "감사합니다."

정유나

# PART 1

## 주거용 부동산의 대표,
## 아파트 투자

# 아파트 갭 투자,
## 소액으로 투자할 수 있다?

아파트는 다른 부동산 투자 대상에 비해 매도, 매수가 상대적으로 용이하고, 인터넷에서 실거래가격을 보고 손쉽게 시세를 알 수 있으며, 환금성이 좋아서 수요가 많다. 내 집

[자료 1-1] 아파트 | 출처 : 픽사베이

마련을 위해서도, 부동산 투자에 입문하는 분들이 가장 먼저 하게 되는 투자 물건이기도 하다.

하지만 지금은 부동산 경기가 좋지 않아 매매가 뜸하고, 시기에 따른 전월세 계약만 갱신해서 이루어지는 상황이다. 부동산 상승기에는 30 ~ 40대가 영혼까지 끌어서 전세를 끼고 갭 투자를 하기도 했지만, 아파트 매매가격의 하락으로 시한폭탄과도 같은 상황이 전개되고 있다.

갭 투자란 세입자의 전세금을 끼고 매매하는 방법이다. 보통 부동산 수익률을 구할 때는 자본금과 대출금을 합한 투자 원금 및 운영수익과 자본차익에서 얻는 투자 수익의 비율에 따라 계산을 하지만, 갭 투자는 대출금이 전세자금이 되고, 운영수익은 없고 오로지 자본차익만 있는 구조의 수익 개념을 말한다. 장점은 대세 상승기에는 전세보증금과 매매가격이 계속 오르기에 그 차액을 가져갈 수 있어 가장 대중적이면서 손쉬운 투자 중 하나다. 갭 투자로 돈을 버는 것은 부동산 시장이 따라줬기에 할 수 있는 투자 방법이다.

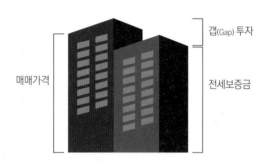

[자료 1-2] 갭(Gap) 투자 | 출처 : 저자 작성

하지만 하락기가 오면 이야기는 달라진다. 문제는 대세 하락기에 접어들면서부터다. 부동산 하락기는 매수자가 우위인 시장이기 때문에 부동산 물량은 계속해서 쌓일 수밖에 없다. 부동산 공급은 많아지고, 수요자는 관망세에 접어들면서 가격은 하락한다. 임대인은 임차인의 기간이 만료될 때까지 새로운 임차인을 구해야 하며, 임차인이 구해지지 않으면 임대인의 돈으로 보증금을 돌려줘야 한다. 여유 자금으로 투자한 경우가 아니라면, 돌려줄 보증금이 없어 도리어 세입자에게 을이 되는 소유자가 발생한다. 소유자인 임대인은 발등에 불이 떨어진

듯 전세퇴거자금대출을 받아주는 경우도 있다. 내 집에서 내가 대출받아, 이자까지 납부하는 격이 되어버린다. 이 전세퇴거자금대출도 생활안정자금 안에 속하기 때문에 전세퇴거자금대출을 받은 후에는 추가 주택을 구매할 수 없으며, 여러 가지 조건이 부합해야만 전세퇴거자금대출을 받을 수 있다. 예를 들어 법인 임대사업자는 전세퇴거자금대출이 불가하다. 또한, KB시세 15억 원 이하의 주택, 전세퇴거자금을 받은 뒤 3개월 이내 실거주 입주가 가능한 경우, 다주택자 불가(은행에 따라 다를 수 있음) 등 여러 가지 조건을 내세우고 있다. 전세퇴거자금대출이 나오지 않을 경우, 소유하고 있는 주택들의 임대차계약 만료 시점이 한 번에 다가온다면 어려운 상황이 닥칠 수 있다. 장기적으로 전세가 맞춰지지 않거나 전세퇴거자금대출이 나오지 않아 세입자와의 협의가 원활히 되지 않는다면, 집이 경매에 넘어갈 수도 있다. 갭 투자를 할 때는 지역 특성을 잘 봐야 한다. 투자하려는 지역 주변에 대규모 분양이 있어서 주택 공급(분양)이 많아지거나, 부동산 경기가 좋지 않아서 매매가 활발하지 못한 상황이 된다면, 갭 투자는 하락장에서 지옥을 맛볼 수 있다.

하지만 우리나라 부동산 역사를 보면, 부동산 가격은 상승과 침체를 반복하면서 우상향으로 나아갔다. 부동산 재테크는 내 집 마련을 위한 첫걸음이자 재테크로 좋은 투자 방법이 될 수 있다. 부린이에게 추천하는 부동산 투자 사이트는 '리치고', '부동산지인', '아실'이 있다. 예전에는 통계청 자료와 각종 뉴스를 종합해서 투자했다면, 이제는 모든 것을 통합해서 알려주는 부동산 사이트가 있으니 활용하면 좋다. 아파트 투자에 있어서 중요한 것은 지역의 특성과 내 자금 사정을 고려해야 한다는 것이다. 강남이 좋은 것은 다 알지만, 투자할 돈이 없으면

'그림의 떡'이다. 소자본으로 투자하고 싶다면, 서울보다 수도권, 수도권보다 지방으로 가서 투자하는 것이 현명하다.

갭 투자의 투자 포인트는 전세가율이 최소한 70% 이상 되는 물건을 찾아야 한다. 전세가율이 매매가격의 70%에서 점점 매매가격을 따라붙는 지역이 있다. 즉, 전세물량이 소진되고 있다는 뜻이고, 전세물량이 소진되면서 매매가격은 올라간다. 매물을 찾을 때는 여러 플랫폼을 이용하고 필터 기능을 사용해서 갭 가격과 실제 현장 매물을 확인해야 한다. 주변 입주물량과 분양물량이 얼마나 있는지 파악하는 것, 그리고 나와 있는 매물을 보고 실거래를 체크해서 상승장 초기에 사는 것이 좋다. 상승장 초기를 파악하기가 쉽지는 않지만, 여러 지표를 살펴보고 상승 초입인지를 종합적으로 고려하자. 이런 지표들을 살펴볼 수 있는 방법에 대해 알아보자.

# 변하지 않는
## 아파트 투자 공식

 

보통 아파트 외의 부동산 정보는 정부나 지자체가 독점하고 있지만, 아파트 관련 정보는 의외로 민간에서 주도하고 있는 경우가 많다. 그 정보를 가지고 분석해서 투자하는 것이 좋다. 부동산 투자는 위치, 시간, 환금성, 개발, 자산, 수익, 효용이라는 7가지 키워드로 정리해볼 수 있겠다.

### 위치

부동산 가격을 결정하는 핵심 포인트인 위치에 대한 가치는 전 세계를 불문하고 적용된다. 특정한 위치에서 특정한 가격이 발생하며, 향후 위치에 대한 양극화는 심화될 것이다. 고도 경제성장이 끝나고, 저출산과 고령화로 인해 인구 증가가 정체되면서, 기존의 외곽 개발 위주의 도시 확장은 한계가 보인다.

영국 싱크탱크에서 평가한 '2022 세계에서 살기 좋은 도시' 순위에서 세계 173개 도시 중 서울은 60위권이다. 100점 만점에 80점대를 받았고, 아시아와 호주 등 지역으로만 좁히면 12위에 해당한다. 전 세계적으로 볼 때, 이 역시 위치에 대한 가치가 적용되는 것이다.

## 시간

부동산 투자에서 성공의 키는 투자 시기의 선택으로 판가름이 난다. 상승 국면의 정점에서 투자하게 되면 피해를 보게 되며, 시장 회복기로 접어들기 전 저점에 투자하는 것이 바람직하다.

저점이란 전문가를 비롯한 누구도 확실한 예측을 할 수 없지만, 비슷한 의견을 내는 경우가 많다. 이는 경제적인 흐름, 수요와 공급, 금리 등의 시장 상황을 종합해서 판단하기 때문이다.

## 환금성

아무리 저렴해도 환금성이 떨어지는 집이 있다. 저렴해도 아무도 쳐다보지 않는 집은 이유가 있다. 부동산 호경기에 가격이 올랐다고 우쭐대는 것은 자제할 필요가 있다. 환금성이 떨어지는 아파트는 다시 원점을 찍을 수 있다. 더 많이 오르는 아파트가 더 많이 오르고, 오르지 않는 아파트는 부동산 시장이 좋을 때 매도해야 한다. 시장이 꺾이면 오르지 않는 아파트는 다시 원점을 찍을 가능성이 크다.

## 개발

낙후된 지역의 주택은 재개발과 재건축 등이 가능해서 자산 가치가 증가한다. 낙후된 지역의 아파트 중 재개발과 재건축이 일어나기 위해서는 주변에 빈 땅이 없는 곳, 오래된 집이 많은 곳, 주변 인프라가 다양한 입지를 봐야 한다. 그런 지역은 언젠가는 재개발과 재건축 이슈가 터진다. 또한, 용적률이 남아 있는지 확인하는 것도 좋다.

## 자산

부동산을 소유하고 활용하며, 처분까지 해서 수익을 얻을 수 있는 자산의 역할을 해야 한다. 자산을 오래 소유하고 있다고 해서 모두 다 오름폭이 같은 것은 아니다. 같은 값을 투자하고도 다른 길을 가는 투자자는 수도 없이 많다.

## 수익

아파트를 셰어하우스로 임대하거나, 월세로 임대하게 되면, 자본이득과 임대수익을 함께 얻을 수 있다.

## 효용

부동산 효용은 인간의 필요나 욕구를 만족시켜줄 수 있는 재화의 능력을 의미한다. 즉, 수익성과 쾌적성 등을 통해 인간의 욕구를 만족시키는 정도를 말하는 것이다. '돈 되는 아파트를 고르는 방법'은 다음과 같다.

① 가격이 잘 오르지 않는 아파트는 피해야 한다. 가격 변동이 없는 것은 '찾지 않는 집'이다. 가격이 내려가는 것은 '더 찾지 않는 집'이다. 특수 평형이 올라간 집은 '많이 찾는 집'으로 보면 된다.
② 이미 상당히 오른 기존 아파트보다 3년 미만의 새 아파트 및 향후 개발이익을 획득할 수 있는 대단지 신규 분양물량에서 자신의 조건에 맞는 단지를 고르는 것이 좋다.
③ 교통과 생활이 편리하고 쾌적한 곳을 골라야 한다. 교통과 생활 인프라가 좋은 아파트는 수요가 끊이지 않는다.

④ 브랜드 아파트를 구입해야 한다. 시공업체 지명도도 아파트 가격에 영향을 미친다.

⑤ 인구 유입 가능성과 개발 계획을 살펴야 한다. 통상적으로 유입되는 인구가 많은 지역은 일자리나 교육, 교통, 편의시설 등 각종 생활 인프라의 확충이 진행 중인데다, 이에 따른 주택 구매 수요도 늘어난다. 또한, 주변에 기업 투자는 물론, 택지지구 및 산업단지 등의 개발이 활발해 부동산 상승효과가 있다.

⑥ 역세권 아파트는 전망이 밝다. 일반적으로 도보 5 ~ 10분 이내에 갈 수 있는 지하철역 반경 500m 이내를 말한다. 또한, 도심 내부와 외부 모두 접근성이 좋은 버스 노선이 가까운 곳이 좋다.

⑦ 조경과 공원 등 쾌적한 주거환경이 갖춰진 곳이 좋다. 조망이 좋아야 값이 더 비싸다. 같은 아파트 단지라도 향과 층에 따라 시세가 다르다.

⑧ 아파트 단지 규모는 클수록 좋다. 대단지 아파트는 누구나 선호한다. 세대 수가 많을수록 매매와 임대차 계약이 빈번하므로, 시세 확인이 편리하고, 환금성이 높다.

⑨ 주차 면적이 넓고, 주차하기 편리해야 한다. 아파트 주차 문제는 주차난, 택배 대란 등 심각한 사회적 문제로 대두되기도 한다. 차량 보유대수별 주차 비용 문제를 두고 입주민 간 갈등이 빚어지는 사례도 적지 않다. 주차 공간이 넉넉한 아파트인지 확인하자.

⑩ 단지 주변에 오염 발생원이 없어야 한다. 악취, 매연, 대기오염, 토양오염 등은 아파트 시세를 하락시키는 요인이 되기도 한다.

⑪ 주변 교육환경이 좋아야 한다. 학군이 좋은 곳은 부동산 침체기일 때도 하방경직성을 가지게 하는 중요한 요소다. 특목고 진학

률이 높고, 해당 지역에서 배정되는 일반고의 서울대 진학률이 높으며, 주요 유명 학원가의 접근성이 가까운 곳을 알아보자.

⑫ 전세 시세가 높고, 전세가 잘 나가는 지역을 공략하자. 전세 때문에 매매가격이 오르기도 하고, 내리기도 한다.

⑬ 비싸더라도 인기 지역의 인기 층을 공략하라. 층과 방향이 좋아야 한다.

⑭ 아파트 동 간 거리가 넓어야 하며, 동 배열이 교차되어 있는 것보다는 일자형 배열이 좋다.

⑮ 단지 모양이 좋아야 한다.

⑯ 내부 구조가 좋아야 한다.

⑰ 교통 호재가 있으면 더 좋다. 대중교통이 개선되면 인근 지역의 아파트에 대한 수요가 늘어난다.

⑱ 단지 인근에 대형마트나 관공서, 백화점 등이 밀집되어 있어야 한다.

⑲ 문화센터 및 아카데미, 예술회관 등 문화공간이 있는 곳이 좋다.

⑳ 단지 내에서 가장 선호하는 동은 분수대 또는 연못, 녹지대가 있는 곳이다. 풍수에서는 도심 속 강과 산을 바라보는 곳이나 물이 흐르는 곳은 돈이 흐르는 곳으로 지칭한다. 이러한 물이 흐르는 곳은 심리적으로도 안정감을 줄 수 있다.

비슷한 시기에 여러 아파트가 주위에 지어졌다면 동시에 분석해야 한다. 지하철, 도로 인접 여부, 학원가가 밀집된 곳과 아닌 곳의 가격 차이를 보고 분석한다.

**⚠ Tip** 　　똑똑한 아파트 투자 공식

① 역세권

정부의 모든 행정계획에서 빠지지 않는 것이 역세권이다. 역세권이 없는 지방이라면 도심 접근성과 대로변 아파트를 선택하자.

② 일자리(고용 창출)

산업단지가 들어서는 지역, 경제기반형 도시재생사업 등 지역 경제 발전과 일자리 창출 및 산업단지 배후 지역의 주거환경이 개선되는 곳을 찾자.

③ 숲세권, 공세권

소득 수준이 높아질수록 건강을 챙기게 된다. 역세권 아파트가 단지 앞 편리한 교통 인프라를 통해 수요자들의 발길을 끈다면, 코로나 팬데믹을 거치면서 주거 쾌적성도 주요 주거 선택 요인 중 하나로 급부상하고 있다.

④ 물이 보이는 곳

물이 있는 곳은 사람들에게 심리적인 안정을 준다. 대표적으로 서울 아파트 가격이 완연한 하락세임에도 한강 조망이 가능한 일정 규모 이상의 단지는 오히려 가격이 상승하고 있다.

　　이러한 기본적인 지식을 가지고, 아파트를 답사하며 발품을 파는 것을 '임장'이라고 한다. 먼저 아파트를 답사하기 전에 목적을 가져야 한다. 사람들은 보통 3가지 목적, 즉 거주, 임대, 투자로 아파트를 산다. 아파트는 위치와 도로 접근성이 가격을 결정한다. 따라서 지역을 분석하고, 권리관계를 파악해야 하며, 공법적인 규제를 살펴본다. 리모델링이나 증축해서 수익률이 높아질 곳이라든지, 개발 호재가 있는 곳

등 미래가치를 알아봐야 할 것이다. 목적에 적합한 아파트를 선택해야
한다.

① 거주 목적 : 주변 환경이 무엇보다 좋아야 할 것이다. 학교와 공
   원을 끼고 있고, 수변공원이 있으면 더욱 좋다.
② 임대 목적 : 수익률이 높고, 역세권이나 대학가인지를 보면 좋다.
③ 투자 목적 : 브랜드, 대단지, 조망권 등과 함께 백화점과 마트, 학
   교, 관공서 등 인프라가 있는 곳을 선택한다.

# 시세 분석
## 프로세스

## 실거래가 분석하기

실거래가를 확인하는 방법은 다양하다. 가장 보편적으로 많이 보는 '네이버 부동산'에서 아파트 매물마다 친절하게 실거래가를 보여 주고 있고, 그 외에도 실거래가를 볼 수 있는 사이트나 앱은 넘쳐난다. 그렇다면 실거래가를 어떻게 분석해서 부동산 상승의 초입인지를 알 것인가? 주식에서 유명한 명언이 하나 있다. 바로 '무릎에서 사서 어깨에서 팔아라'라는 말이다. 이 명언이 우리에게 주는 한 가지 교훈이 있다. '욕심부리지 말아라'라는 단순하고 명백한 교훈이다. 부동산도 이 명언이 통용될 수 있는 자산 시장이자 투자 시장이다. 그 누구도 상승의 초기는 알지 못한다. 하지만 지표의 분석을 통해 적어도 부동산 상승의 무릎 정도는 알 수 있을 거라고 여기기 때문에 꾸준하게 공부하고 노력해야 한다.

# 정부 정책과 경기 흐름 지표 분석

　정부에서 발표하는 부동산 정책은 부동산의 상승과 하락을 결정짓는 중요한 기준이 된다. 부동산에 투자하기 위해서는 정부의 부동산 정책을 유심히 살펴야 한다. 부동산 정책은 국가 계획에서부터 시작된다. 국가 계획을 세우고, 국가 계획에 따른 광역 도시들의 기본 계획을 세운 후 시·도별로 기본 계획을 세우고, 일반 국민에게 구속력을 가지는 관리 계획을 세우는 것이 국가가 부동산 정책과 법률을 정하는 흐름인 것이다. 이러한 정책은 경기 흐름에 지대한 영향을 미친다. 경기 흐름을 알 수 있는 지표 분석을 통해 부동산의 상승기 초입에 해당하는지, 상승을 다 끝내고 하락기에 접어드는지 어느 정도 흐름을 알 수 있다.

| 경기 구분 | 실질 GDP | 소비 | 투자 | 실업률 | 이자율 | 물가 | 통화량 |
|---|---|---|---|---|---|---|---|
| 상승 국면 | 상승 | 증가 | 증가 | 하락 | 상승 | 상승 | 증가 |
| 하강 국면 | 하락 | 감소 | 감소 | 상승 | 하락 | 하락 | 감소 |

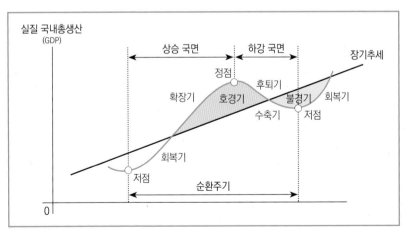

[자료 1-3] 경기 변동의 국면과 경제변수의 움직임 | 출처 : 한국은행,《알기 쉬운 경제 이야기》

일반 경기 흐름은 상승과 하락을 반복해서 나타난다. [자료 1-3]에서 보듯이 확장기-호경기-수축기-회복기-확장기가 반복해서 나타나는데, 부동산의 경기 변동은 일반 경기 변동보다 늦게 반응하는 특징을 보여 준다. 부동산 경기는 일반 경기와 비교하면 주기가 길고 진폭이 크다. 그리고 부동산의 경기 변동은 일반 경기에 비해 뚜렷하지 않고 불규칙해서 경기 변동의 순환만으로 상승과 하락을 정확하게 예측하기에는 무리가 따른다. 실질GDP가 증가하는 상승 국면에서는 사람들의 소득이 늘어나고 소비가 증가한다. 기업 이윤도 증가하고 덩달아 투자와 고용이 증가한다. 기업의 투자 증가는 자금 시장의 수요증가를 가져오고, 이에 따라 이자율이 올라간다. 기업의 생산과 투자 확대는 신규 고용을 창출해서 실업의 감소를 가져온다. 은행은 기업과 소비자에 대한 대출을 늘리고 활발한 신용창조는 통화량을 증대시킨다. 늘어난 통화는 주식 시장이나 부동산 시장으로 흡수되어 자산가격 상승으로 이어진다. 이런 요인들은 총수요를 증대시키고, 총수요가 이처럼 크게 증가한다면 물가가 상승할 것이다.

하지만 과거에 실질GDP와 경제변수의 움직임이 평균적으로 [자료 1-3]과 같았다고 해서, 현재 또는 앞으로 이런 움직임이 항상 반복될 것이라고 장담할 수는 없다. 만약 기술혁신에 의한 공급증대가 경기를 상승 국면으로 이끌고 있다면 상황은 달라진다. 총수요의 증가보다 총공급의 증가가 더 크다면 상승 국면이라고 하더라도 물가가 크게 상승하지는 않을 것이다. 오히려 물가가 안정적이거나 하락하면서도 경제는 상승 국면 또는 호황을 경험할 것이다. 기술변화와 같이 총공급에 관련된 요인들이 경기 변동을 주도한다는 이론을 '실물경기변동(Real Business Cycle)론'이라고 부른다. 실물경기변동론자들은 과거 자료를 분석한 결과, 경기 상승 국면에서 오히려 물가가 하락했다고 주장한다. 또한, 원자재나 원유가격이 상승해 공급이 크게 위축되는 경우 물가는 오르고, 실질GDP는 감소하는 스태그플레이션의 상황도 발생할 수 있다. 따라서 경기가 상승 국면이라는 사실만으로 물가가 오르거나 통화량이 많을 것이라고 단정적으로 말할 수는 없다. 일반적으로 부동산 경기 변동의 측정 지표를 보자면 건축량, 거래량, 부동산 가격, 공가율 등이 활용된다. 부동산 경기 변동을 예측하는 지표 중 대표적인 것으로 건축량, 거래량, 부동산 가격, 공가율을 꼽을 수 있다.

### 건축량

건축 허가량과 건축 착공량이 증가하더라도 주택 공급은 착공과 완공 사이에 2년에서 4년 정도의 기간이 소요되며, 건축 완공량이 증가하는 시점에서 주택의 공급은 전보다 늘어나게 된다. 이런 변화는 가격을 결정짓는 가장 중요한 수요와 공급의 관계에서 공급이 늘어나는 결과를 가져오기 때문에 건축 완공량이 증가하는 시점을 잘 파악한다면, 가격의 하락 시점을 예측할 수 있는 것이다. 건축량에 대한 지표를 알고 싶다면, '세움터'라는 사이트(https://www.eais.go.kr)를 활용하면 된다.

### 거래량

거래량 역시 부동산 경기의 순환을 파악할 수 있는 중요한 지표가 된다. '한국부동산원' 사이트(https://www.reb.or.kr)를 통해 매년 주택의 거래량을 파악할 수 있다. 거래량은 지역별, 월별, 연도별로 확인할 수가 있는데, 월별, 연도별, 지역별 거래량 지표를 통해 호경기인지, 불경기인지를 판단할 수 있을 것이다.

(단위: 건)

| 구분 | 금월 ('22.12) | 전월 ('22.11) | 전년동월 ('21.12) | 증감률(%) | |
|---|---|---|---|---|---|
| | | | | 전월대비 | 전년동월대비 |
| 전국 | 12,579 | 13,135 | 19,969 | -4.2 | -37.0 |
| 수도권 | 4,282 | 4,006 | 5,270 | 6.9 | -18.7 |
| 지방 | 8,297 | 9,129 | 14,699 | -9.1 | -43.6 |
| 서울 | 649 | 520 | 964 | 24.8 | -32.7 |
| 도심권 | 25 | 21 | 41 | 19.0 | -39.0 |
| 동북권 | 203 | 159 | 259 | 27.7 | -21.6 |
| 동남권 | 168 | 146 | 240 | 15.1 | -30.0 |
| 서북권 | 79 | 57 | 126 | 38.6 | -37.3 |
| 서남권 | 174 | 137 | 298 | 27.0 | -41.6 |
| 부산 | 898 | 994 | 1,235 | -9.7 | -27.3 |
| 대구 | 661 | 679 | 750 | -2.7 | -11.9 |
| 인천 | 805 | 821 | 788 | -1.9 | 2.2 |
| 광주 | 409 | 480 | 974 | -14.8 | -58.0 |
| 대전 | 445 | 393 | 518 | 13.2 | -14.1 |
| 울산 | 397 | 414 | 684 | -4.1 | -42.0 |
| 세종 | 208 | 220 | 168 | -5.5 | 23.8 |
| 경기 | 2,828 | 2,665 | 3,518 | 6.1 | -19.6 |
| 강원 | 568 | 648 | 1,272 | -12.3 | -55.3 |
| 충북 | 633 | 657 | 1,064 | -3.7 | -40.5 |
| 충남 | 836 | 950 | 1,539 | -12.0 | -45.7 |
| 전북 | 565 | 672 | 1,217 | -15.9 | -53.6 |
| 전남 | 520 | 635 | 964 | -18.1 | -46.1 |
| 경북 | 955 | 1,031 | 1,564 | -7.4 | -38.9 |
| 경남 | 1,123 | 1,259 | 2,545 | -10.8 | -55.9 |
| 제주 | 79 | 97 | 205 | -18.6 | -61.5 |

[자료 1-4] 지역별 아파트 거래량 | 출처 : 한국부동산원

한국부동산원은 전월, 전년, 5년 평균의 전국 및 수도권과 지방의 거래량과 증감률을 보여 주는 지표를 발표하고 있다. 거래량의 증가율이 높다면 호경기, 거래량의 감소율이 높다면 불경기라고 판단할 수 있을 것이다. 부동산은 지리적 위치의 고정성으로 인해 지역별로 구분되고, 개별적인 부동산마다 구별되는 특징을 가지고 있다. 부동산은 일반 재화처럼 어느 지역이나 동일 또는 유사한 가격을 가지고 수요자에게 판매되지 않는다. 지역마다 다르고, 개별적인 부동산마다 다르며, 사정이 개입되어 부동산 가격이 일반적이지 않을 수도 있다.

이것들은 부동산의 일반적인 변동을 나타내는 지표로, 부동산을 매수할 때 개별적인 특징들을 잘 파악해야 할 것이다. 부동산 경기는 지역마다 다를 수 있다. 부동산 유형별로도 다를 수 있다는 점을 인식하고, 다양한 지표를 분석하는 것이 성공 투자로 가는 길이라고 할 수 있다. 호경기는 부동산 경기 변동의 사이클에서 상승 국면에 해당하고, 불경기는 부동산 경기 변동의 사이클에서 하락 국면으로 볼 수 있다. 부동산은 상승 국면에 진입해서 하락이 예상되는 시점에 매도하는 것이 최고의 투자 방법이다. 이 시점을 예측하는 것이 성공 투자의 포인트라고 할 수 있을 것이다.

## 부동산 가격

부동산의 경기가 좋다면 가격이 오르고 부동산의 경기가 나쁘다면 반대로 가격이 하락할 것이다. 다만, 부동산의 가격이 오른다고 해서 부동산 경기가 항상 좋은 것만은 아니다. 부동산의 가격이 오르는 이유는 여러 가지 이유가 있기 때문이다. 부동산의 가격은 호경기로 인한 수요의 상승으로도 오를 수 있으며, 건축 자재비의 상승, 인플레이션 등으로도 가격이 오를 수 있기 때문이다. 부동산 투자는 부동산의 가격이 오른다고 해서 투자해서는 안 된다. 앞서 설명했듯이, 부동산의 가격이 오르고 내리는 데는 여러 가지 이유가 있기 때문이다.

부동산 경기의 상승 국면이 아닌데도 불구하고, 건축 자재비 상승 및 인플레이션 등으로 인한 부동산 가격의 상승은 부동산의 유효 수요를 줄이고, 부동산 경기의 하락 국면을 더 악화시키는 현상을 초래할 수 있다. 한편 시장이 하락하는 상황인데도 부동산 경기가 상승한다고 착각할 수도 있다. 부동산 가격이 어떤 이유로 상승하고 하락하는지에 대한 정확한 분석이 성공적인 투자로 가는 길이 될 것이다. 부동산매매가격변동률은 한국부동산원 전국주택가격동향조사를 통해 수집할 수 있다. 주택매매가격변동률은 기준 시점 주택매매가격을 100으로 했을 때 해당 시점 주택매매가격의 비율을 표시한 것이다. 이는 부동산 경기가 호경기일 수도 있고, 건축 자재비의 상승 및 인플레이션의 효과일 수도 있을 것이다. 부동산 경기가 상승하는 호경기 상태를 정확하게 분석하기 위해서는 전년도 대비 인플레이션과 건축 자재비의 상승 등을 분석해 따져봐야 한다.

### 공가율

공가율은 공실의 비율을 말한다. 건물을 사용하지 않고 비워 두는 것을 의미한다. 부동산 경기가 좋지 않을 경우는 공가율이 높을 것이고, 부동산 경기가 좋을 때는 공가율이 낮을 것이다.

[자료 1-5]는 전국, 수도권 및 지방 주택매매가격변동률을 보여준다. 이런 지표들의 분석은 비교 대상군이 필요하다. 전년도 대비, 타 지역 대비, 전국 대비 등 비교 대상군을 통해서 전년도 대비 건축량이 늘어났는지, 부동산 거래량은 줄어들었는지 늘어났는지, 부동산 가격은 올랐는지를 보고, 현재 투자 대상 지역이 상승 국면인지 하락 국면인지를 파악해 투자하는 것이 바람직하다.

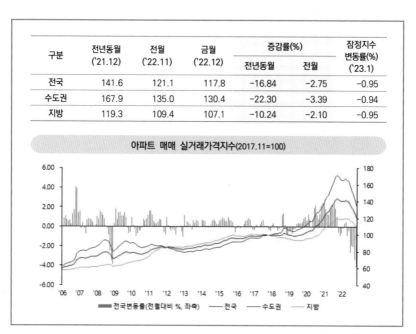

| 구분 | 전년동월 ('21.12) | 전월 ('22.11) | 금월 ('22.12) | 증감률(%) 전년동월 | 증감률(%) 전월 | 잠정지수 변동률(%) ('23.1) |
|---|---|---|---|---|---|---|
| 전국 | 141.6 | 121.1 | 117.8 | -16.84 | -2.75 | -0.95 |
| 수도권 | 167.9 | 135.0 | 130.4 | -22.30 | -3.39 | -0.94 |
| 지방 | 119.3 | 109.4 | 107.1 | -10.24 | -2.10 | -0.95 |

[자료 1-5] 전국, 수도권 및 지방 주택매매가격변동률 | 출처 : 한국부동산원

투자 대상 지역뿐만 아니라 투자 대상 부동산의 유형별로도 접근해야 한다. 부동산의 유동성 자금은 무한한 것이 아니어서 부동산의 자금들이 어느 방향으로 이동하는지 흐름을 파악하는 것도 중요할 것이다. 2021년에서 2022년은 코로나19로 인해 지원금과 확장 재정 정책 및 저금리로 인해 시장에 유동성 자금이 넘쳐났다. 이는 곧 부동산 시장과 주식 및 코인 등 금융 시장에 넘쳐흐르는 유동성 자금이 유입되면서 부동산의 가격과 주식 등 금융 자산의 폭등을 불러왔다. 특히, 부동산 시장에서 아파트 가격 상승은 가히 폭발적이라고 할 만했다. 반면 아파트 가격의 상승과는 별개로 관심을 받지 못하는 다른 부동산들은 아파트 가격의 상승률에 훨씬 못 미치는 실적을 냈다. 투자자들은 임대수익을 원하기보다는 자본이득을 원했고, 상대적으로 상가

및 다가구주택, 오피스텔 등 수익형 건물은 상승하지 못했다.

부동산의 유동성 자금은 한정적이다. 투자자들이 아파트 시장에 관심을 가진다면, 상대적으로 다른 부동산 시장은 관심을 받지 못할 것이 분명하다. 아파트 시장이 고점이라면 투자자들은 다른 부동산 시장으로 눈을 돌릴 것이다. 따라서 부동산 경기의 상승 국면과 하락 국면을 판단하는 것은 단순하지 않다. 부동산 유형별, 지역별로 접근해야 하며 개별적으로도 접근해야 하므로, 구체적이고 다양한 지표들의 분석을 통해 성공적인 투자로 나아가야 한다.

## 지역별 부동산 시장의 분석

부동산 시장의 상승과 하락은 부동산 전반적인 관점에서도 바라봐야 하지만, 지역별로 구분해서 분석하는 것도 중요하다. 부동산의 상승기와 하락기를 알려주는 부동산 경기에 대해서는 앞서 말한 바 있다. 부동산의 지역성 관점에서 살펴본다면, 부동산은 하나의 재화에 해당하지만, 지역별로 다른 특성을 보이는 것 또한 부동산의 특성에 해당한다.

'부동산의 지역성'은 부동산의 가장 중요한 특성 중의 하나다. 사전적 의미로는 '개개의 부동산은 인근 지역에서 고립되어 있는 것이 아니라, 다른 부동산과 함께 어떤 지역을 구성하면서 지역 내 구성 분자로서 상호 의존, 협동 또는 대체, 경쟁의 관계를 맺고, 그 관계 속에서 사회, 경제 및 행정적 위치를 차지하는 것'이다. 부동산의 가격은 그 지역의 행정적인 정책에도 영향을 받으면서 그 지역 내의 다른 부동산의 영향을 받아 가격을 형성한다. 지역마다 부동산 시장의 크기도 다르고 인구, 산업, 개발이 가능한 토지의 밀집도 등 지역별로 다른 특성을 보인다.

## 부동산 시장의 크기와 부동산 가격

서울 경기권의 부동산과 지방의 부동산은 시장의 크기 자체가 다르다. 앞서 말했듯이 부동산의 유동성 자금은 한정되어 있다. 투자자들은 자금의 유용에 있어 위험과 수익률을 따져 어느 곳에 투자할 것인가를 판단하는 작업이 필요하고, 대부분의 부동산 시장 투자자는 큰 시장에 투자한다. 절대적인 것은 아니지만 과거의 경험에 따르면, 부동산은 대부분 서울과 수도권에서 먼저 상승한 후 아래로 내려오는 사이클을 반복해서 보여 준다. 또한, 부동산 시장의 크기에 따라 상승률 또한 차이가 난다. 서울과 수도권, 지방의 상승률은 그 차이가 다르다. 이는 부동산 시장의 크기, 즉 유동성 자금이 어느 정도냐에 따라 상승률 또한 차이가 난다.

## 인구와 부동산 가격

앞에서 언급했듯이 인구는 부동산 가격과 아주 밀접한 관련이 있다. 부동산 시장의 크기는 곧 유효 수요가 존재하는 시장이 크다는 의미다. 부동산 투자의 관점에서 유효 수요는 '실제로 구매력이 있는 수요'라는 의미다. 부동산의 가격은 다른 일반 재화와는 다르게 고가의 재화다. 따라서 일반 수요와 공급 이론에는 적합하지 않을 수 있지만, 수요-공급 이론에 어긋나는 시장은 아니다. 다만, 부동산은 고가이기 때문에 일반 재화의 수요보다는 적은 유효 수요가 존재할 뿐이다. 이러한 유효 수요자들은 이미 발전했거나 충분히 발전 가능성이 있는 지역을 매수할 것이다. 인구가 많다는 것은 그만큼 그 인구가 이용할 기반시설이나 주거시설, 상업시설 등이 많이 필요하다는 것이고, 이는 곧 많은 개발이 필요하다는 의미도 된다.

다만, 여기서 예외는 있다. 인구가 적더라도 많은 인구가 밀집된 지역의 인구를 분산시키기 위한 목적으로 도시 계획을 세우고 있는 지역이라든지, 산업시설이 들어오거나 고속도로 및 철도가 예정되어 인구의 유입이 예상되는 지역이다. 인구의 유입이 예상되는 지역은 투자자의 좋은 투자처가 되기에 많은 투자 자금이 유입될 수 있다. 여기서 눈여겨봐야 할 단어는 '인구'다. 인구가 이미 많은 지역이나 인구가 유입될 가능성이 큰 지역이 투자적인 메리트가 있다.

## 산업과 부동산 가격

산업은 그 지역의 생활 수준과 경제력과도 큰 관련성이 있다. 산업은 인간 생활을 경제적으로 풍요롭게 하기 위해 재화나 서비스를 생산하는 사업, 농업, 목축업, 임업, 광업, 공업을 비롯한 생산 이외에 상업, 금융업, 운수업, 서비스업과 같이 생산에 직접 결부되지는 않으나 국민 경제에 불가결한 사업을 말한다. 지역마다 농업 사회를 이루는 지역이 있을 수 있고, 공업 사회를 이루는 지역, 또는 첨단 산업을 이루는 지역이 있을 수 있다. 그렇다면, 어떤 지역에 투자해야 옳을까? 먼저 '어떤 지역이 부동산 가격 상승률이 높은 지역일까?'에 대한 고찰이 필요하다. 부동산 중 아파트는 투자 수요뿐만 아니라, 실수요자 역시 중요한 지위를 가지고 있다. 실수요자는 수요의 한 축이자 무시할 수 없는 지위를 가지고 있다는 의미다. 실수요자의 구매력은 실수요자가 거주하는 그 지역의 생활 수준 및 경제력과 직결되기 때문에 아파트의 수요는 공업 사회 및 첨단 산업을 이루는 도심지에 더 집중될 수밖에 없으며, 인구가 점차 증가함에 따른 상업시설 및 주거시설, 기반시설을 확충해 나갈 수밖에 없다.

각설하고, 어떤 지역에 투자하는 것이 좋을까? 부동산 가격의 상승률이 높은 지역은 어디일까? 어느 시점에 투자해야 할까? 우선 지역별 인구를 봐야 할 것이다. 부동산 가격의 흐름은 대체로 산업이 집중된 대도시에서 소도시로 상승 및 하락을 하는 것이 대세다. 그러한 흐름을 파악할 수 있다면 성공적인 투자가 될 것이다. 대도시는 곧 인구와 직결되는 문제이기 때문에 인구가 많은 지역이 대세 상승과 대세 하락을 주도적으로 이끌어 간다고 볼 수 있을 것이다.

사실, 이러한 흐름은 과거의 흐름을 가지고 유추해서 보는 것이기에 100% 정확하다고 볼 수는 없다. 성공적인 투자에 100%가 어디 있겠는가? 이러한 투자 방법들은 성공 확률을 높이는 것에 불과할 뿐이다. 그렇더라도 우리는 많은 자료와 이슈, 많은 부동산 관련 법을 탐독해 확률을 높여 나가야 한다. 그것이 성공적인 투자의 방법이라고 볼 수 있다.

앞서 이야기한 바를 정리해보자면, 결국은 인구다. 그 지역의 인구는 부동산의 잠재적 수요일뿐만 아니라, 산업을 성장시키는 원동력이 되기도 한다. 부동산을 공급시키는 원초적인 요인이 되기도 한다. 부동산 투자에 앞서 그 지역의 인구 밀집도와 인구 구성에 대해 정밀한 분석을 하는 것이 중요하다.

# 신축 분양, 줍줍, 분양권, 입주권
## 어떤 선택을 해야 할까?

### 신축을 분양받는 방법은?

현재도 분양 물건들이 수없이 쏟아진다. '수많은 아파트 중 내 집이 있을까? 청약에 당첨되기 힘들다고 하던데, 언제쯤 내 집 하나 마련할 수 있을까?'라고 고민할 수 있다. 분양이 많아질 때는 주변의 아파트 가격이 하락하고, 분양이 적어지면서 주변 아파트 가격은 반대로 상승한다. 이러한 통계는 어디에서 볼 수 있을까? 한국부동산원 '청약홈'이라는 사이트(https://www.applyhome.co.kr)에 들어가면, 한눈에 매월 분양하는 아파트를 볼 수 있다. 또한, 공인인증서와 청약통장만 있으면 바로 간편하게 청약을 신청할 수 있다.

분양에 있어 가장 중요한 포인트는 시장 상황을 중점적으로 보는 것이다. 그리고 주변 시세보다 월등히 저렴하게 분양하는지 검토가 필요하다. 또 아파트의 세대 수와 주변 인프라를 봐야 한다. 시장이 좋을 때는 청약이 수백 대 일로 마감되어 부양하는 가족이 많아도 당첨

될 확률이 희박하다. 하지만 시장이 좋지 않을 때는 관망세에 들어서기 때문에 미분양이 속출하게 되며, 뉴스와 신문에서 떠들어 대기 시작한다. 미분양 물건도 잡아야 하는 물건이 있고, 잡으면 안 되는 물건이 있다. 우리는 한정된 자본으로 어떻게든 투자 수익을 극대화해야 한다. 세대 수 없는 나홀로 아파트라든지, 이름도 모르는 건설사가 지은 아파트는 부동산 하락기, 특히 금리 인상까지 겹치면 부도가 나는 경우도 있다.

## 줍줍 잡아도 될까?

미분양이 났을 때, 흔히 속어로 '줍줍'이라는 단어를 쓴다. 아마 부동산에 관심 있는 사람이라면 누구나 들어봤을 법한 말이다. 우선 미분양에는 2가지가 있다. 준공 전 미분양, 그리고 준공 후 미분양이 있다. 준공 전 미분양은 분양했지만, 경쟁률이 낮고 계약 건이 없어 물량이 남는 경우이거나, 청약자격 조건에 미달한 사람들의 물건이 나오는 경우가 있을 것이다. 준공 전 미분양은 의외로 줍줍 하는 경우가 많다. 특히 내 자본이 얼마 들어가지 않는다. 보통 계약금 10%만 내면 중도금 대출이 대부분 무이자 60%가 나오고, 몇 년 뒤 입주할 때 전세를 맞추거나 입주하게 된다. 당장 내 자본이 얼마 들어가지 않기 때문에 여러 개를 구입하기도 한다.

하지만 중도금 대출을 받기 위해서는 HUG보증보험에 가입하는 경우가 많은데, 대출이 세대당 2개까지로 정해져 있는 경우가 많다(비규제지역의 경우). 또한, 고가 아파트의 경우 일정 금액 이상이 넘어가면 중도금 대출이 나오지 않기도 한다. 시기에 따라 달라질 수 있지만, 중도금 대출이 가능한지 꼭 체크해서 구입해야 한다. 줍줍 물건(미분양)을 받는 것은 사실 도 아니면 모에 가깝다. 시장을 예측하면 좋겠지만, 향후 반등할 수도 있고, 마이너스가 될 수도 있다. 보통 아파트를 분양하고 난 후에는 P(프리미엄)가 형성되는데, 오르면 P를 받고 팔 수 있어 이익이 남지만, 시세가 내리면 마이너스 P로 던지는 경우도 있어 자칫하면 손해를 볼 수도 있다. 하지만 마이너스 P가 되리라 예측하고 구입하는 사람이 얼마나 되겠는가? 결론은 이득이 되는 줍줍과 이득이 되지 않는 줍줍을 구분을 잘해야 현명한 줍줍이 가능한 것이다.

줍줍을 할 때는 경쟁률이 높은 아파트의 청약자격 조건이 미달한 줍줍을 택하는 것이 좋다. 적어도 수백 대 일에 마감한 아파트는 확실한 줍줍이 되며 경쟁률도 높겠지만, 당첨만 되면 돈을 벌고 들어가는 셈이다. 준공 후 미분양은 악성 미분양이기에 피하는 것이 좋다. 보통 착공 전에 분양하는데 준공 후 미분양은 착공 후 다 지어질 때까지 미분양이 된 것을 의미한다. 준공 후 미분양은 건설사에는 부도수표와 같다고 보면 된다. 다 짓고도 팔지 못하고 있으면, 은행으로부터 PF(프로젝트파이낸싱) 한 돈을 갚을 시기가 불투명해지고 이자 부담까지 떠안아야 하기 때문이다. 하청 업체에도 자금을 주지 못해 엄청난 피해를 주게 된다. 자금 마련을 위해 분양가의 20 ~ 30% 선에서 할인 분양을 하거나 무상옵션을 제공하는 등 혜택을 주면서 물량 털이를 하는 곳도 나타난다. 주택 시장에서 회복기가 되면 미분양이 가장 먼저 줄어들며, 사람들이 새 아파트를 찾기 시작하고 분양 시장이 다시 들썩이고, 미분양이 줄어들기 시작한다.

# 분양권이란?

분양권이란 신축 아파트에 청약해서 당첨되었을 경우, 향후 아파트에 입주할 수 있는 권리를 말한다. 분양권은 타인에게 매도할 수 있는데, 이를 '분양권 전매'라고 한다. 분양권 투자는 향후 2 ~ 3년 이내에 아파트 입주가 확실시되는 투자 방식이다. 분양권은 사업의 불확실성이 많이 제거된 상태이기 때문에 당연히 분양권 프리미엄이 조합원 프리미엄보다 낮으며, 그에 따라 시세차익도 적어진다. 분양권은 매매계약금 + 옵션계약금 + P(프리미엄)로 거래된다.

부동산은 10년 주기로 비슷한 흐름으로 반복하는 특징을 보인다. 분양권 투자를 평생 한다는 것은 있을 수 없는 일이다. 시장은 정부의 규제 영향을 아주 많이 받는다. 규제에 따라 부동산 방향이 정해지는 것이다.

분양권이 활황인 경우를 말해보겠다. 분양권은 정부의 규제가 없을 때 성행하는 투자 방법이다. 보통 부동산 상승기 초입에 폭발한다. 분양권 규제를 풀면서 분양권 매물이 마이너스 끝까지 떨어진다면, 오르는 일만 남았으니 물건이 소진되고 있다면 잡아도 괜찮다. 그러나 분양권 거래가 안 될 때가 있다. 바로 정부의 규제가 심할 때, 부동산 하락기가 찾아올 때다. 정부 규제는 입주를 꼭 해야 한다든지, 이 지역에 사는 사람만 구입할 수 있다든지, 중도금 대출이 안 나온다든지, 양도세를 70%까지 높게 올리는 경우, 분양권 전매 제한 등이 있다. 이런 규제를 안 받는 지역도 있으나, 보편적으로 규제받아도 오르는 부동산은 핫한 입지에 있으면서 가격적으로 주변 시세보다 저렴하다면 편법을 써서라도 들어오고 싶어 하는 심리가 강해진다.

일반적으로 아파트 분양 시, '계약금 10% → 중도금 60% → 잔금 30%'의 비율로 분양받게 된다. 계약 시 분양금액의 10%를 납부하고 중도금은 60% 대출(10%씩 6번에 나누어서 건설사에 지급하고 그 자금으로 건설사는 공사에 필요한 인건비, 자재비를 지급해 계속해서 공사를 진행하게 된다)이 가능하다. 계약 전, 중도금 대출이 나오는지 반드시 확인하고 무이자 대출인지, 유이자 대출, 이자후불제인지 확인해야 할 것이다.

| 대출의 종류 | 설명 |
|---|---|
| 무이자 대출 | 신규 아파트를 분양하게 되면 완공까지 2 ~ 3년의 시간이 걸리게 되는데 이 기간에 중도금 대출에 대한 이자를 회사에서 부담해주는 것을 말한다. |
| 유이자 대출 | 중도금 대출이자를 결국 본인이 부담하는 것이다. 중도금 대출의 이율을 따져봐야 한다. |
| 이자후불제 | 중도금 대출이자를 유예시켜 나머지 잔금 때 같이 납부하는 것을 말한다. 매도인 강세 시장일 경우에는 '중도금 대출이자는 매수인이 부담하기로 한다'라고 기재하는 것이 좋고 매수인 강세 시장일 경우에는 '중도금 대출이자는 잔금일 기준으로 잔금일까지는 매도인이 부담하기로 한다'라고 특약하는 것이 좋다. 은행에서 중도금 대출 승계를 받으면서 은행 직원에게 당일 기준으로 이자를 정산해달라고 이야기한 후 진행하면 된다. |

중도금 대출 자서 이후, 유상옵션계약서를 작성하게 되고 모델하우스에서 브랜드별로 다양한 제품을 선택할 수 있다. 미리 우편으로 고지하며 날짜에 맞춰 유상옵션계약서를 쓰러 가면 실물을 볼 수 있게끔 전시해놓고 있어 설명과 함께 나에게 맞는 옵션을 선택하면 된다. 만약 투자 목적이라면 천정형 에어컨만 선택하면 된다. 천정형 에어컨을 설치하지 않게 되면 향후 전세 및 월세로 임차할 경우 다른 집보다

잘 나가지 않을 경우가 많고 설치조건으로 계약하길 원하는 임차인이 대부분이다. 에어컨은 설치비용과 해체비용이 많이 들기 때문에 그 비용을 줄이고자 하는 임차인이 많다. 임차를 위해서라면 천정형 에어컨은 필수다.

잔금은 입주 시 이루어지게 되는데 투자로 분양권을 투자했다면 대체로 전세로 임차인을 맞추어서 중도금과 잔금을 모두 지불하게 되는 방법을 택한다. 분양권의 장점은 접근이 매우 쉽고, 초기 중도금 대출이 나온다는 것과 입주 시 전세로 맞추면 내가 들어간 자본보다 차액을 더 가지고 올 수 있는 것이 장점이다. 단점은 실물이 없이 도면만으로 계약을 진행한다는 점이다. 건축하는 과정에서 계약이 되는 것이 분양권이다. 또한, 향후 등기 후 임대 시 물량이 한꺼번에 쏟아져 나오므로 낮은 전세로 내놓아야 할 수도 있다는 단점이 있다. 대출 의존도가 높기에 대출이 나오는지 미리 확인하지 않으면, 자금 부족으로 계약이 무산될 수 있다. 개개인에 따라 대출이 나올 수도 있고, 안 될 수도 있기 때문이다.

분양권은 항상 수익을 가져다주는 것은 아니다. 보통 분양권 시장이 과열될 경우 프리미엄은 높게 형성이 되나 프리미엄, 즉 웃돈을 주고 산 분양권이 입주 시까지 계속해서 유지되지 않을 수도 있기 때문이다. 분양권 시장 역시 수요와 공급, 부동산 정책에 따라 등락을 반복하는 시장으로 분석을 많이 한 후에 진입하는 것이 좋다. "분양권은 돈이 된다"라는 주변 지인들과 중개사무소의 말에 '묻지 마 투자'를 한다면, 큰 낭패를 볼 수가 있는 시장이다. 서울, 경기권의 분양권 시장 프리미엄은 억대를 호가하기 때문에 향후 프리미엄이 내려가거나 마이너스 프리미엄, 일명 마이너스 프리미엄으로 급락한다면 큰 손해를 입을 수 있는 시장이기 때문이다. 또한, 이른바 '떴다방'을 운영하는 중개사무소들로 인해 수요와 공급에 의한 적정한 프리미엄이 거래되지 않을 수가 있다. 프리미엄에 거품이 끼면 그 거품은 꺼질 가능성이 큰 것이다. 아파트 불패 시장, 즉 부동산이 과열된 시장은 거품에 거품이 끼는 현상이 나타날 수 있는데, 그 역시도 시기의 문제일 뿐 거품은 꺼질 수 있다. 분양권 시장에서의 성공적인 투자의 최우선 과제는 상승을 주도하는 대장 아파트를 판단하는 안목과 투자 대상 아파트의 위치, 학군, 세대 수, 환경, 발전 가능성 등을 종합적으로 검토해 투자할 만한 대상이 맞는지를 판단하는 능력을 기르는 것이다.

또한, 레버리지(대출) 효과를 이용하는 것이 좋다. 투자할 만한 확신이 생겼다면 대출을 이용한 수익률 극대화를 실현하는 것이 좋다. 단, 금리가 낮을 때 통용되는 이야기다. 대출을 위험 자산으로 인식해 거부감을 가지는 사람들이 많다. 대출도 자본의 일부분임을 인식해 대출을 통해 수익률을 최대한 가져가는 것이 훌륭한 투자임을 알아야 한다.

자본 = 자기 자본 + 타인 자본
수익률 = 지분 수익률 + 이자율

이 공식은 경제학, 회계학 등에서 쓰이고 있는 공식이다. 자본은 자기 자본과 타인 자본의 합이며, 자기 자본은 자신이 가용할 수 있는 자본, 즉 실제로 투자할 수 있는 자본이다. 타인 자본은 타인에게서 빌려온 자본을 말한다. 일반적으로 대출이 이에 해당한다. 수익률은 지분 수익률과 이자율을 합한 것이며, 지분 수익률은 자기 자본을 이용해 벌어들인 수익률이다.

이렇듯 타인 자본을 이용해 수익률을 높이는 행위를 '레버리지 효과' 라고 하는데, 이를 적극적으로 활용하는 것이 성공 투자로 가는 길이다.

분양권 투자에 성공하기 위해서는 주변 아파트 시세와 비교해서 분양권이 저렴하다면 투자 가치가 있는 것이다. 하지만, 주변 시세보다 터무니없이 비싸거나 공급이 많다면 조금 더 지켜보는 것이 좋다. 또한, 분양권 프리미엄의 저점을 최대한 예측하는 방법으로는 마이너스 P가 소진되는 지점을 노렸다가 투자 기회를 잡는 것이다. 프리미엄 역시 수요와 공급의 법칙에 크게 벗어나는 시장이 아니므로, 주변의 신축 분양되는 물량을 파악해 공급이 수요를 초과할 것인지, 수요가 공급을 초과할 것인지를 파악하는 것이 좋다. 그러기 위해서는 지역에 꾸준히 관심을 가지고 지켜봐야 한다.

## 분양권 전매의 절차

### ① 매도인과 매수인의 분양권 매매 계약 체결 및 계약서 작성

매수자는 신분을 확인할 수 있는 주민등록증 또는 운전면허증과 도장이 필요하며, 매도자는 분양권 계약서, 신분증, 인감도장, 인감 증명서, 납입 영수증, 유상 옵션 계약서가 필요하다.

분양권의 매수자 측에서는 매매가격의 10%에 해당하는 계약금과 확장비 계약금의 10%, 프리미엄 비용, 옵션 계약 비용이 필요하다. 만약 매도자가 중도금을 납부했다면 중도금 납부 금액까지 포함해야 한다. 즉, 매도인이 들인 비용+프리미엄 비용을 매수자가 매도자에게 지급해야 한다.

### ② 실거래 신고 및 검인

분양권 매매 계약서 작성 후에는 시·군·구청에 실거래 신고를 해야
한다. 만약, 중개사무소를 통해 계약을 진행했다면, 공인중개사가 실
거래 실고를 해야 할 의무가 발생한다.

직거래 계약일 경우에는 분양계약서를 가지고 해당 시·군·구청에
직접 방문해 신고해야 한다. 신고 후에는 신고필증을 교부받을 수 있
는데, 이를 4매 정도 인쇄해서 준비하고 있는 것이 좋다.

### ③ 중도금 대출 승계

매도인이 중도금 대출을 받았고, 매수자가 그대로 승계받을 때 매도
자와 매수자, 공인중개사가 대출을 시행한 은행에 방문해 승계 절차를
완료해야 한다. 이때, 중도금 대출 승계확인서를 발급받게 된다.

### ④ 분양권 명의 변경

은행에서 발급받은 중도금 대출 승계확인서 및 기타 서류를 가지고
매수자, 매도자, 공인중개사는 시행사 사무실을 방문해 필요서류를 제
출한 후 분양계약서 뒷면 양도인, 양수인란에 각자 서명 및 인감 날인
한다. 그리고 시행사는 모든 서류와 양도인, 양수인을 확인한 후에 시
행사 및 시공사의 도장을 찍어 준다. 이로써 분양권 매매 절차가 완료
되는 것이다.

### ⑤ 양도소득세 납부

매매 계약 완료 후, 매도인은 양도소득세를 납부해야 한다. 또한, 상업용 부동산과 업무용 부동산의 분양권 포괄 양도양수 시, 양도인은 세무서에 방문해 사업자등록 말소하고 양수인은 신규 사업자등록을 해야 한다.

## 분양권 전매 제한이란?

### ① 분양권 전매 제한 지역

분양권 전매 제한 지역에는 투기과열지구, 조정대상지역, 분양가상한제 적용 지역이 있다.

### ② 투기과열지구

투기과열지구에서의 전매 제한 기간은 일반 공급의 경우 소유권 이전 등기 시 최대 5년, 특별 공급의 경우 5년이다.

### ③ 조정대상지역

조정대상지역에서의 전매 제한 기간은 제1지역의 경우 소유권 이전 등기 시 최대 5년, 제2지역의 경우 1년 6개월, 제3지역의 경우 공공 택지는 1년, 민간 택지는 6개월이다.

### ④ 분양가 상한제 적용 지역

정부에서 주택가격 상승을 억제하기 위해 만든 정책으로 건설사나 시공사는 달갑지 않은 정책이다. 건축비용과 인건비는 오르는데 분양할 수 있는 가격은 정해져 있으므로 실제 이익이 줄어드는 구조가 되어 공급물량이 줄어들게 된다. 낮은 분양가격에 공급되기 때문에 건설사 입장에서 이윤을 남겨야 하기에 주택 품질이 저하될 가능성이 높다. 부동산 정책은 살아 움직이는 유기체와 같아서 부동산 시장 흐름에 따라 정책을 강화하기도 하고 완화하기도 한다. 이는 분양가 상한제 적용지역에서도 같다. 분양가 상한제 적용 지역에서는 시세보다 낮은 분양가가 형성되어 있어 투기를 방지하고자 대상을 한정하고 의무를 강화하게 된다. 예를 들어 전매 제한 기간, 실거주 의무, 다주택자 양도세 중과, 기존 주택 처분 의무, 무주택 요건 등이 있을 수 있어 확인하는 것이 좋다. 투자 포인트는 주변 시세 대비해 낮은 분양가에 공급되기 때문에 분양가만큼 프리미엄이 형성되는 곳도 심심치 않게 볼 수 있어 청약 광풍을 불러올 수 있는 곳이다. 당첨과 동시에 수억 원의 프리미엄이 보장되는 현장이므로 유심히 보는 것이 좋다.

## 입주권이란?

입주권은 주거정비구역(재개발, 재건축)에서 관리처분 인가를 받은 조합원의 입주 권리, 즉 종전 주택 소유자가 누릴 수 있는 권리다. 통상 조합은 위치와 조망, 뛰어난 동호수를 조합원에게 배정하고 남은 물량을 일반분양하게 되는데, 같은 단지 내에서도 조합원에게 큰 혜택이 돌아간다고 보면 된다. 또한, 정비사업에서 조합원 분양가는 일반분양가보다 상당히 낮기 때문에(일반분양가의 약 80%) 저렴하게 아파트를 구입할 수 있는 장점이 있다. 다른 말로 표현하면, 입주권의 프리미엄이 분양권의 프리미엄보다 더 높기 때문에 입주권 투자가 더 많은 시세차익을 누릴 수 있다고 보면 된다. 다만, 입주권 투자는 사업 진행의 불확실성을 내포하고 있으며, 사업 지연에 따른 사업비 증가로 인해 추가 분담금이 발생할 수 있다는 점, 오랜 기간 투자금이 묶일 수 있다는 단점이 있다. 입주권 투자는 분명 매력적이지만, 기본적으로 '하이 리스크 하이 리턴(High Risk High Return)' 투자 방식이다.

조합원 입주권 거래 절차는 다음과 같다. 입주권에 대한 자세한 설명은 Part 4에서 자세하게 다루도록 하겠다.

계약서 체결 → 조합원 명의 이전 → 이주비 → 대출금 승계 →분양 계약 명의 이전 → 완료

# 빌라 투자는 가치가 있을까?
## 근생 빌라 사도 될까?

빌라도 여러 종류가 있다. 한남동이나 삼성동의 고급 빌라촌도 있지만, 이 책을 읽는 독자분들은 큰돈이 아닌 적은 돈으로 투자를 시작하려는 분들이 많을 것이다. 빌라는 사회 초년생들도 소액 투자로 진입할 수 있기 때문이다.

빌라는 상승폭이 대체로 낮다. 기준이 누군가에게는 높을 수도 있고, 누군가에게는 낮을 수도 있으나 빌라 투자만큼 매력적인 투자도 없다고 말하는 사람도 있다. 빌라는 지역과 인구 밀집도가 가장 중요한 요소다. 빌라를 사더라도 서울 및 수도권, 광역시에 있는 빌라를 사야 한다. 이러한 도시에서도 외곽보다는 빽빽한 주거지가 형성된 지역으로 가야 투자에 성공할 수 있다. 지방으로 갈수록 아파트 가격이 낮은 곳이 많아 아파트와 경쟁할 수밖에 없는데, 빌라는 이 경쟁에서 자연히 밀릴 수밖에 없다. 인구 밀집 지역, 인기가 좋은 지역은 거래량부터 다르다.

[자료 1-6] 빌라(필로티 구조) | 출처 : 저자 작성

빌라 투자에도 수많은 종류의 투자가 있는데, 경매를 낙찰받아 리모델링 후 되팔거나 임대하는 방법, 반지하만 저렴하게 구입해 시세보다 저렴하게 임대하는 방법, 전세 낀 신축 빌라를 갭 투자를 하는 방법, 빌라를 통으로 한 세대씩 매입해 재건축하는 방법 등 다양하다. 빌라는 환금성이 떨어지기 때문에 이사 가고 싶어도 집이 안 나가서 이사를 못 가는 경우도 많다. 이는 반대로 주인 입장에서 임차인 만기일이 도래했을 때, 난감한 상황이 발생할 수 있다.

보통 사람들은 주변 입지 여건이 맞는다면 나온 물건의 방향과 구조, 느낌 이런 것들을 많이 본다. 임대인은 임차인의 입장을 생각해서 빌라를 투자하는 것이 여러모로 좋을 것이다. 돈만 있으면 좋은 곳에 갈 수 있지만, 빌라에 오는 임차인들은 대부분 돈이 많지 않은 분들이기 때문에 이것저것 따져서 나름대로 좋은 곳을 찾아가게 된다. 또한 빌라는 전세보증금으로 매매가격을 맞출 수도 있다. 임차인에게 전세보증금 1억 원을 받고, 1억 원으로 매수를 한 후, 차액을 남기고 매도하는 투자도 가능하다는 것이다. 일부는 전세사기를 저지르려는 나쁜 마음으로 이렇게 하지만, 보통의 투자자들도 많이 하는 일반적인 투자 방법이다.

특히 경매로도 차익이 가능하므로 경매에서 대중적으로 인기 있는 투자처 중 하나다. 그리고 먼 이야기이기는 하지만, 향후 재개발, 재건축 시 큰 시세차익 실현이 가능하다. 주변 지인 중 수십 채 빌라 갭 투자를 하더니 재개발지역으로 지정되어 한두 개 얻어걸리는 운 좋은 사례도 봤다.

빌라를 투자할 때는 주차 문제도 생각해야 한다. 예전에는 주차장이 없더라도 허가가 났다면, 현재는 '주차장법'이 강화되어 신축 시 주차장이 필수로 들어가야 한다. 하지만 구축 빌라들은 주차가 매우 어려운 편이다. 지방이나 수도권 외곽 같은 한적한 지역에 거주한다면 길가에 대더라도 주차로 인해 큰 스트레스를 받지 않겠지만, 서울에서도 인구 밀집도가 높은 지역에 가면 이중, 삼중주차는 기본이고, 새벽에 자다가도 나와서 차를 빼줘야 하는 상황이 생길 수 있다. 요즘 신축 빌라는 세대당 주차 수가 1대 이상 나오기 때문에 주차 공간이 부족하지 않지만, 구축 빌라의 경우에는 주차난이 있을 수 있다는 것을 감안해야 할 것이다.

서울의 경우 역세권, 그리고 대중교통이 도보로 부담 없는 위치에 있는 빌라를 구입하는 것이 좋다. 빌라는 가격에서 메리트가 있다. 빌라의 가치는 환산하기가 힘들다. 개별성이 너무 강하기 때문이다. 그래서 빌라는 가격 상승률이 아파트보다 현저히 떨어지는 것이 사실이다. 그러나 재개발이 들어가면 이야기는 달라진다. 다른 종목보다 더 큰 이익을 얻을 수도 있는 것이 또 노후화된 재개발 빌라다.

빌라 투자의 포인트는 재건축이나 재개발 목적이라면 노후화된 빌라를 선택하자. 직접 거주하거나 수익형으로 임대 목적 사업을 할 경우에는 신축 빌라를 선택하는 것이 좋다. 또한, 빌라라고 해서 다 같은 빌라가 아니다. 빌라 투자에서 가장 중요한 핵심은 교통이다. 직주근접(職住近接)인지 확인해야 한다.

학교와의 접근성을 보고, 주변에 대단지 아파트가 있는지 살펴보고 재개발 또는 재건축의 지역적 특성이 있는 곳을 선택해야 한다. 또한, 발전 가능성이 전혀 없고, 인구 밀집이 거의 없는 지역을 가장 유의해야 한다. 용도가 근린생활시설인지, 불법건축물은 아닌지도 확인해야 한다. 그리고 지방에서는 아파트와 신축 빌라가격이 비슷하다면 아파트를 사는 것이 훨씬 유리하다. 무엇보다 많은 경험이 성공 확률을 높여 준다. 그러므로 앉아서 궁리만 하지 말고 지금 당장 좋은 물건을 찾고, 현장에 나가서 실전 경험을 쌓길 바란다.

다세대 빌라 투자는 과연 정답인가? 예전에는 "빌라가격은 오르지 않는다. 잘 팔리지 않는다. 시간이 지나면 수리비도 많이 든다"라며 빌라 투자는 절대 하지 말라는 전문가들도 많았다. 실제로 빌라가격의 상승 폭은 아파트에 비해 크지는 않지만, 그렇다고 빌라 투자를 절대로 하지 말라는 것은 아니다. 진짜 큰 부자가 되려면 처음부터 폭발력이 큰 물건에 투자하면 가장 좋겠지만, 우선 안목을 키우는 것이 가장 중요하다. 안목은 하루아침에 얻어지는 것이 아니기 때문이다. 운이 좋게 시기가 좋아서 시세차익을 얻었을지는 모르지만, 장기적으로 부동산은 상승과 하락 구간에 직면하기 때문에 꾸준히 관심을 가지고 안목을 키워나갈 필요가 있다. 그래야 시기가 왔을 때, 내 물건을 잡을 수 있다.

빌라 투자로 큰 부자가 될 수는 없다. 하지만 평범한 월급쟁이가 소액 투자로 경제적 자유를 이룰 수 있는 첫 시작점이라고 볼 수 있다. 그리고 경기도권 빌라들보다 서울권 빌라들이 가격 상승폭이 더 크다. 입지, 연식, 구조, 인근의 학교 단지나 편의시설, 누가 봐도 좋은 물건이면, 무조건 경매 낙찰가율은 호가 혹은 시세에 근접할 확률이 높다. 그래서 어느 정도 경험이 있으면 스트레스를 안고 하자 있는 물건에 입찰을 들어가야 한다. 그래야 고수익이 난다. 경매는 깨끗한 물건만 사는 것이 아니다.

다세대주택(빌라)을 선택하는 이유는 무엇일까?
① 어쩔 수 없이 당분간 살아야 하는 경우
② 아파트 전세보증금이 너무 올라서 어쩔 수 없이 주변으로 이사해야 할 경우
③ 아파트보다 입지 조건이 좋은 경우(역세권 주변)
④ 재개발 호재를 기대할 수 있는 경우
⑤ 주변에 재건축 및 재개발 호재로 이주 수요들이 입주하는 경우

## 근생 빌라 사도 될까?

근생 빌라는 보통 주택이 아니라 사무실 용도로 허가를 낸 것이다. 주로 1, 2층의 근생시설과 3, 4, 5층의 다세대주택이 합쳐진 형태가 많다. 근생이란 근린생활의 줄임말이다. 인근 주민에게 필요한 미용실, 세탁소, 카페, 슈퍼 등 생활편의시설로 사용할 수 있는 상업용 공간에 주거용 부엌과 바닥 난방을 설치해서 매도하는 것이다. 건축(분양)업자는 빌라 건축 시점에 방이나 벽체 등을 만들지 않고 준공검사를

받는다. 이후 준공검사 이후 근린생활시설을 주택으로 개조해서 일반 빌라와 똑같이 만들어 추후 일반주택의 다른 호수와 같이 매도(분양)를 하게 된다. 수분양자(분양을 받은 사람, 또는 피분양자라고도 함)는 위반건축물임을 인지하고 계약하든 모르고 계약을 하든 등기가 넘어온 이후로는 불법 행위를 한 건축업자는 과태료가 없고 수분양자가 이행강제금을 떠안게 된다. 결과적으로 허가받은 용도가 아닌 다른 용도로 임의 변경하였기 때문에 불법건축물로 볼 수 있다. 불법 개조까지 하면서 근생 빌라를 만드는 이유는 주택에 대한 각종 규제 때문이다. 건축법상 다세대주택은 최대 4층, 바닥면적 합계 660m²를 넘을 수 없지만, 근생시설은 용도에 따라 면적 제한을 피할 수 있고 층수도 높이 올릴 수 있다. 주차 공간 확보도 수월하다. 다세대주택은 1세대당 최소 0.5대 이상의 주차 공간이 필요하나 근생시설은 200m²당 1대(서울시 132m²당 1대) 주차할 수 있으면 되기 때문에 특히 인구 밀집지역에 이러한 근생 빌라가 많다.

겉으로 보기에는 다른 호실의 주택 빌라와 근생 빌라의 내부가 비슷하기 때문에 육안으로는 식별하기 어렵다. 보통 다른 호실의 합법적인 주택보다 10 ~ 30% 인하된 가격으로 팔게 되는데 투자자로서는 근생 빌라의 속사정은 모른 채 설명과 겉모습만 보고 같겠거니 하며 구입을 결정하는 경우가 많다. 불법인 줄 알면서도 이러한 근생 빌라를 짓는 이유는 한정된 땅에 세대수를 늘려서 지을 수 있어 건축주로서는 이득이 남는 장사가 되는 것이다. 의외로 투자 목적으로 근생 빌라를 찾는 투자자도 있지만, 단점이 분명 존재한다. 우선 근린생활시설에서의 취사는 불법이다. 처음 준공 시에는 상가로 준공 받기 때문에 부가세를 납부해야 한다. 취득세의 경우 빌라가 1.1%라면 근생 빌라는 4.6%로 건축주가 일부 혹은 모두 부담하는 조건으로 계약서를 작성하는 경우가 많다. 건축주로서는 취등록세를 건축주가 부담하더라도 빠른 시일 내 처분해 수익을 남기는 것이 이득이 되기 때문이다. 준공검사 이후 주거용으로 불법 시공해 분양하기 때문에 입주민이 다 채워진 후 하자보수 등 여러 가지 문제로 이웃 간의 불화가 발생해 민원이 제기되어 불법임이 적발된다면 원상복귀명령이 떨어지고 원상복귀가 안될 때마다 해마다 이행강제금이 부과된다. 투자자는 보통 전세, 월세 세입자를 맞춰서 임차를 하기 때문에 임차인이 모르고 들어갔다가 주차문제로 다른 세대와 불화를 겪는 순간 불법이 적발될 가능성은 더 높아진다.

근생 빌라를 주택으로 용도변경이 가능하다는 말은 믿지 마라. 근생 빌라 양성화는 쉽지 않다. 용도변경 조건 중 가장 큰 요건은 다른 호수 세대원 동의도 받아야 하고 대지권도 키워야 하는데 건축주는 최대한 짓는 것이기에 용도변경이 쉽지 않다. 또한, 하자보수예치금 적용대상이 되지 않는다. 하지만, 전세, 월세 임차인 입장에서 전입신고와 확정일자가 가능하며 불법건축물이라도 주거용일 경우 주택임대차보호법이 적용된다.

## 하자보수예치금이란?

공동주택, 아파트, 연립, 다세대, 오피스텔 같은 공동주택을 건축할 때 건축주는 대지 구입 비용을 제외한 건축비의 3%에 해당하는 금액을 국가가 인정한 보증보험사에 예치하게 되고 그 증서를 시·구청에 건축허가를 받을 때 제출하게 되어 있다. 건축에 결함이나 하자로 보수가 필요할 때를 대비해 건축주나 시공사가 보증금을 금융기관에 맡겨둔다고 생각하면 된다. 예를 들어 건축주가 부도 및 파산을 맞이하더라도 입주민은 하자보수예치금을 보증보험사에 청구 신청하고 수령해 하자보수를 해결할 수 있다. 아파트나 빌라와 같은 주택을 분양한 건물에 대해 하자보수는 부분별로 2 ~ 10년까지 하자담보책임 기간이 법으로 정해져 있다. 이 기간 분양받은 입주자가 하자보수를 요청하면 15일 이내로 무상으로 하자보수를 이행하게 되어 있다. 보수기간은 준공일자를 기준으로 옥외 급수, 조경시설물, 급수와 배수, 난방은 책임기한이 1년, 옥내외 설비, 철골 부대공사, 조적 등은 책임기한 2년 승강기, 방수공사, 철근 콘크리트 등은 책임기한 3년, 건물 전체적인 안전성을 담당하는 기둥, 내력벽 등은 책임기한이 10년이다. 기한별로 하자보수가 발생하지 않는다면 보전된 금액은 건축주에게 귀속되므로 확인하는 것이 좋다. 하자발생이 확인되었다면 입주자 회의를 통해 수리 여부를 결정하고 하자 부위를 구청에 접수한다. 입주자 과반수 동의를 얻어 예치금을 청구할 수 있으며 하자보수보증금 수령 이후 공사를 할 수 있다.

근생 빌라의 장점
1. 주변 시세 대비 저렴한 분양가격으로, 주택과 똑같은 임대수익을 받을 수 있다.
2. 전기요금, 가스요금, 수도요금 등 공과금의 누진세가 없어, 공과금 절약 혜택이 있다.

3. 사무실로 사용할 수 있다.
4. 주택 수에 포함되지 않기 때문에 양도 시 유리하게 적용되고 종합부동산세 대상에서 제외된다.
5. 주택이 아니기에 청약통장(무주택) 유지가 가능하다.

## 근생 빌라의 단점

1. 주차법 강화로 주택을 지을 때, 1세대 1주차를 기본으로 해야 하는데 보통 1층을 필로티 주차장으로 사용하게 되며 주택을 분양받은 사람에게 할당 대수가 정해진다. 추후 입주민이 다 채워지고 나면 제값 주고 산 다른 일반 입주자와 충돌이 생길 수밖에 없다. 1층 주차장 이용은 일반 주택 소유자에게 지정 할당되며 근생 입주자는 주차하기 힘들기 때문에 불편해질 수밖에 없다.
2. 건물하자 시 하자 예치금 사용 권한이 없다.
3. 구청에 적발 시 이행강제금이 청구될 수 있다(무제한으로 변경). 내지 않으려면 개조된 부분을 원상복구해야 하지만 원상복구 시 발생하는 추가비용뿐 아니라 더 세입자를 받기 어려워진다.
4. 일반 빌라의 취득세는 1.1%고, 근생 빌라는 4.6%의 높은 세율이 적용된다(건축주가 일부 및 전부 부담하는 조건으로 계약을 많이 한다).
5. 법적으로 주택이 아니므로 전세자금대출이 나오지 않고 전세보증보험 가입이 안 된다(임대인으로서는 좋으나 임차인으로서는 대응수단이 거의 없어진다. 이는 새롭게 임차인을 맞게 될 때 걸림돌이 되어 역으로 임대인은 보증금 반환이 어려워진다).

## 근생 빌라를 육안으로 알아내는 방법

1. 건축물대장, 등기부등본(건축물)으로 확인할 수 있다.
2. 일반 빌라 층수가 5층 이상이라면 근생 빌라일 가능성이 있다.

# 다가구주택 투자
## 괜찮을까?

앞서 언급한 빌라는 다세대주택에 해당한다. 이번 장에서는 다세대주택과 다가구주택에 대해 차이점을 알아보겠다. 하나의 건물에 개별등기가 되었다면 다세대주택, 하나의 건물에 단독등기가 되었다면 다가구주택이 될 것이다. 다세대주택은 개별 세대로 분양할 수 있고, 다가구주택은 불가능하다. 다세대주택은 건축물의 종류가 공동주택이고, 다가구주택은 건축물의 종류가 단독주택으로 이해하면 쉽다.

| 다세대주택 | | 다가구주택 |
|---|---|---|
| 660㎡ 이하 | 바닥면적 | 660㎡ 이하 |
| 제한없음. | 거주 세대수 | 19세대 이하 |
| 개별세대 분양소유 가능 | 분양 | 불가 |
| 가능 | 구분등기 | 불가 |
| 4층 이하 | 층 | 3층 이하 |
| 공동주택 | 건축물 종류 | 단독주택 |

[자료 1-7] 다세대주택과 다가구주택 비교 | 출처 : 저자 작성

# 다가구주택이란?

　다가구주택이란 여러 가구가 한 건물에 거주할 수 있도록 건축한 주택으로, 19세대 이하가 거주할 수 있는 주택을 말한다. 성공한 많은 자산가는 캐시 플로우(Cash Flow), 즉 현금흐름 확보를 강조한다. 부자는 자산의 크기가 아닌 현금흐름의 크기에 따라 정의된다는 말이 있다. 부동산 투자를 처음 하는 사람 중 다가구주택부터 알아보는 사람은 거의 없다. 이 투자 대상은 목돈이 많이 들어가기에 부동산 투자로 어느 정도 경험이 있거나, 노후의 현금흐름을 위해 알아보기 시작되는 투자다. 다가구주택은 매매가격 자체가 높다 보니, 수요에 한계가 있다. 환금성이 매우 떨어지는 상품이며, 시세차익보다는 임대수익을 목적으로 하는 것이 맞다. 다가구주택이 건축기한 20년에서 30년 이상 지나면 땅값만 주고, 건물값은 없이 매도하는 경우가 많다. 대대적인 리모델링 비용이 들어가기 때문이다. 특히 다주택자 취득세 중과제도가 풀리지 않는 한 사지도, 팔지도 못하는 경우가 대부분일 것이다. 장점은 주인이 거주하면서 임대수익을 받을 수 있어 안정적인 수익을

[자료 1-8] 다가구주택 | 출처 : 픽사베이

기대할 수 있다. 단, 공실이 많이 없는 지역을 선택하는 것이 중요하다. 이는 지역성이 반영되기 때문에 시장 조사를 철저히 한 후, 들어가는 것이 좋겠다.

## 다가구주택을 알아볼 때 유의할 점

다가구주택은 건물을 통으로 매매하는 것이기 때문에 건물가격도 높을뿐더러 취등록세와 건물수리비용까지 생각해야 한다. 다가구주택은 노후의 현금유동자금을 위해 나이가 조금 있는 분들의 수요가 많다. 우선 다가구주택이든, 상가든 월 임대료를 받는 수익형 부동산은 수익률이 생명과도 같다. 다가구주택은 2012년 이전 건축이 된 다가구주택과 2012년 이후 건축된 다가구주택으로 나뉜다. 2012년 이후 주차법이 바뀜에 따라 기존 0.7대에서 1대로 주차기준이 강화되었다. 즉, 현재는 주차대수와 가구 수가 같아야 한다. 가구 수와 주차대수가 같아야 하므로 방의 개수가 줄어들 수밖에 없는 구조다. 방의 개수에 따라 수익률이 현저히 차이가 난다는 이야기다.

보통 LH에서 분양하는 토지들은 80평 전후로 분양하는데, 이는 신도시주택법에 따라 필지당 5가구밖에 신축할 수 없으므로 보통 투룸과 쓰리룸을 많이 넣는다. 원룸 5가구로는 받는 임대료가 한정되기 때문이다. 따라서 택지 내 주택의 수익률은 확 줄어들거나 수익률과 상관없이 주인으로서는 고가의 매매금액을 받으려는 것이 대부분이다. 특히 이주자택지나 협의자택지가 나온 경우에는 프리미엄을 사고팔기 때문에 나중에 팔기 위해서는 마지막 등기를 한 자가 양도소득세를 다 물어야 한다. 울며 겨자 먹기로 건축해서 세금을 털어내는 방법을 많이 사용한다.

원룸, 투룸, 쓰리룸 중 가장 수익이 많이 나는 것은 원룸이다. 예를 들어 원룸의 한 달 임대료가 30만 원인 지역이라면, 투룸은 45만 원 정도에 형성이 될 것이다. 원룸이 100만 원인 지역이라면, 투룸은 150만 원 선에서 형성될 것이다. 원룸과 투룸 가격이 두 배 이상 차이가 나기는 어렵다는 함정이 있다. 원룸이 필요한 사람은 원룸을 구하기 위해 신도시보다는 신도시 외곽의 구축에 거주하는 경우가 많다. 현실적으로 그럴 수밖에 없는 경우가 대부분일 것이다. 앞서 이야기했듯 신도시 내에는 원룸이 귀하기 때문이다.

예전의 건축법에 맞춰 지은 구축 건물은 원룸만 19가구인 곳들도 많다. 나이 드신 분들은 원룸만 있으면 피곤할 것이라고 지레 짐작하는 경우도 있다. 하지만 이 정도 피곤을 감수하지 않고 어떻게 임대를 하겠는가? 지인 중 다가구주택 여러 채를 임대하고 계신 건물주 사장님이 계시는데, 이러한 컴플레인도 돈이 주기적으로 계속해서 들어오다 보니, 피곤한 줄 모르고 도리어 삶이 즐겁다고 하신다. 컴플레인이 발생할 요소를 미리 차단하는 여러 방법을 강구하는 것도 좋다.

한편 신축인데도 낮은 임대가격이 형성된 곳이 있고, 구축인데도 높은 임대가격이 형성된 지역이 있다. 매입하기 전, 주변 임대가격과 공실률을 따져보는 것이 좋다. 단기 방을 많이 놓는 지역은 경쟁력에서 밀리는 지역이라고 봐야 한다. 보통 소유주로서는 특별한 사정이 있지 않은 한 1년 이상 계약하고 싶을 것이다. 세입자가 단기간을 사용하고 나가면 청소도 해야 하고, 단기 방은 보증금이 적기 때문에 어떤 변수가 일어날지 모른다. 방이 금방 나가는 지역이라면 소유주는 며칠 기다렸다가 1년 이상 계약하는 사람을 기다릴 것이다. 하지만 임대가 잘 나가지 않는 지역은 들어올 세입자가 많지 않기 때문에 단기라도 놓는 것이다.

평균 보증금이 100만 원 이하로 형성된 지역도 주의해야 한다. 이는 몇 달만 월세가 밀리면 금방 까먹는 돈이기 때문이다. 만약 임차인이 단 며칠이라도 월세가 밀렸을 때는 바로바로 고지해야 한다. 주겠거니 하다가 나중에는 보증금을 다 까먹고 야반도주하는 일도 비일비재하기 때문이다. 내 소유의 집이라 하더라도 내가 마음대로 임차인이 거주하는 호실의 문을 열고 짐을 빼고 퇴거시키게 된다면 형사처벌을 받을 수 있고, 임차인 퇴거소송 진행 시 매우 불리하게 작용할 수 있어 협의가 중요하다.

임차인이 퇴거를 불응하게 되면 임차인 퇴거소송을 진행해야 하는데 퇴거소송 전에 내용증명을 발송하고 불응 시, 명도소송을 진행해야 한다. 보통 짧게는 4 ~ 5개월이나 길게는 1년까지 걸릴 만큼 기간상으로 판결이 나오기까지 오랜 시일 걸리므로 약 1년 정도는 내 집임에도 불구하고 임대료를 받지 못하는 상황에 부닥칠 수도 있다. 명도소송으로 승소 판결을 받더라도 세입자가 나가지 않으면 강제집행이라는 절차도 진행할 수 있다. 그래서 보증금을 높게 받고 좋은 임차인이 들어올 가능성이 높은 지역을 선점하는 것이 좋다.

부동산 중개사무소를 다니면서 다양한 물건을 보게 된다. 물건을 받았다면 구체적인 수익률을 따져봐야 한다. 고정비는 간과한 채 들어오는 수익만 따진다면, 실제 수익률은 줄어들 수밖에 없다.

예를 들어 고정비라고 하면 매달 또는 매년 나가는 돈을 이야기하는데, 엘리베이터 유무(있는 경우 유지관리업체 비용), 소방안전관리업체 비용,

상수도 및 전기요금, 인터넷 요금, 청소비, 보수비용, 이자까지 뺀 금액이 수익률이 된다. 보통 이와 같은 각종 공과금은 관리비로 없는 경우가 많다. 청소비는 퇴거 시, 5만 원에서 10만 원 정도로 책정해두면 좋다. 현재 다가구주택 시장은 건축비가 가파르게 상승해 다가구주택 신축 현장이 눈에 띄게 줄었다. 이는 신축 다가구주택보다 기존의 다가구주택으로 매수인은 눈을 돌릴 수밖에 없는 상황이 된 것이다. 다가구주택 내 소득이 따로 나오지 않는다면 전세를 낀 갭 투자가 먹히는 분야는 아니다. 다가구주택을 적은 현금으로 구입한 사례도 있지만 그럴 때 전세를 많이 끼고 다가구주택을 구입했을 것이다. 이러한 케이스로 갈 때는 나의 사업자본이나 다른 소득이 있을 때 방향을 잡아야 한다. 나의 다른 소득으로 전세를 하나씩 월세로 바꿔나간다면 높은 월수익을 기대할 수 있지만 다른 소득 없이 다가구주택 모두 전세를 끼고 산다면 오히려 전세 세입자 만기일이 도래하면 두려움이 공포로 올 것이다. 내 소득이 없는 상태에서 전세를 끼고 구입해 5년이 지나도 월세 하나 전환하지 못하고 건물만 감가상각(減價償却)되는 경우를 많이 봤다. 전세를 모두 끼고 경매로 날리는 사기꾼이 많지만, 양심적이고 좋은 집주인분들도 많다. 전세를 끼고 나중에 월세로 돌릴 목적이 아니라면, 전세를 끼고 다가구주택을 매입하는 어리석은 우는 범하지 말아야 할 것이다.


## 다가구주택 관리

먼 곳에서도 관리인을 두면 관리를 잘할 수 있다. 해외에서도 관리인을 두고 월세를 또박또박 받는 분도 계시고, 지방 건물을 서울분이 매입해서 관리인을 두고 임대하는 경우도 봤다. 젊은 분들의 경우에는 먼 곳에서 관리인을 두고 관리하는 경우들이 있으나 나이가 많아질수록 거주하는 곳과 가까운 곳에 구입하려는 성향이 강하다. 이는 성향에 맞게 움직이면 될 듯하다. 내가 거주하는 곳의 부동산 수익률이 떨어지더라도 내가 매일 청소하고 관리하는 것이 편한 사람이 있을 것이고, 자주 가지는 못하더라도 수익률이 높은 곳을 원하는 사람이 있을 것이다.

물론 내가 거주하는 곳 인근에 수익률이 좋은 부동산이 있어서 자주 가볼 수 있다면 금상첨화(錦上添花)가 아닌가. 이러한 곳은 얼마든 찾을 수 있으니 발품을 많이 팔고, 인근 부동산 중개사무소와 꾸준히 소통하며 내가 꼭 살 사람이라는 것을 인식시켜 줘야 한다. 중개사무소 중에서 다가구주택을 전문으로 관리하면서 임대 물건이 나오면 전속으로 위임해서 관리하는 중개사무소도 있다. 또 지역에 관리업체가 있을 것이다. 중개사무소에서 소개받아도 좋고, 직접 알아봐도 좋다. 루트가 없다면 인근 다가구주택을 돌다 보면, 건물 입구에 관리업체 스티커나 전화번호가 있다. 이를 이용해 비교하는 것도 방법이다.

공실이 나왔을 때는 적극적으로 인근 중개사무소에 단체 문자를 보내서 알리는 것이 좋다. 물건의 주소와 건물 이름, 호수, 공실 비밀번호와 현관 비밀번호, 금액 정도만 명시해서 여러 곳에 뿌려두어도 공실을 빨리 뺄 수 있게 된다. 수수료를 조금 더 챙겨준다고 해도 중개사무소에서 신경 쓸 여력이 있으니 귀띔해두는 것도 방법이다. 절대 무슨 일이 있더라도 인근 중개사무소와 다투거나 융통성 없는 모습을 보여서는 안 된다. 10번의 좋은 모습을 보여도 1번의 나쁜 모습을 기억하는 것이 사람이다. 인근 중개사무소 사이에 소문이 나게 되면, 결국 손해 보는 것은 건물주 자신이다. 특히 세입자가 입주한 후 세입자와의 갈등(임대료 미납, A/S 부분)을 중개사무소에 계속 이야기한다면, 그 중개사무소에서는 다른 임대 손님이 있다고 해도 그 건물에는 가지 않는다. 결국, 이러한 관계는 건물주와 세입자 간에 원만한 합의가 필요해 보인다. 또 손바닥 뒤집듯 말이 바뀌는 건물주가 있다. 예를 들어 보증금 월세를 30만 원으로 이야기해놓고, 계약하려고 하면 금액을 올린다든지 등 이런 부분이 쌓이다 보면, 공실 기간이 길어질 수 있으므로 원만한 모습을 보이는 것이 좋다.

# 단독주택 투자
## 어떻게 해야 할까?

단독주택은 한 건물에 한 세대만 사는 주택을 의미한다. 흔히 아파트나 빌라처럼 공동으로 주거하는 개념과 정반대 개념이다. 보통은 한 세대가 거주하지만, 주택 층층이 임대로 주는 경우도 있다. 사람들이 일반적으로 생각하는 단독주택은 다음과 같다.

① 대기업 재벌 회장님의 대저택 같이 높은 담장으로 둘러싸여 누구도 범접하지 못할 것 같다.
② 도심 외곽에 한적하고 자연을 끼고 있다.
③ 재개발 지역, 재개발 지역 인근, 인구 밀집 지역에 있다.
④ 호재도 없고, 인구가 빠지는 곳에 위치하고 있다.

[자료 1-9] 단독주택 | 출처 : unsplash

## 대저택

대저택은 일반 서민으로서는 사실상 '그들만의 리그'다. 같은 계층의 누군가가 이런 집을 산다. 예전에 삼성 이건희 회장님의 한남동 주택이 전국에서 가장 비싼 집으로 화제가 된 적이 있다. 1245.1m²의 토지가 무려 430억 원이 넘었다고 한다.

[자료 1-10] 이건희 회장 이태원 자택 | 출처 : UPI 뉴스

보유세만 1년에 13억 5,000만 원 정도가 나온다고 하니 아무나 살 수 없는 집인 것은 틀림없다. 이러한 집은 중개사무소에서 매수 희망

자의 신원을 확인한 다음 집을 보여준다고 한다. 상당수 기업에서 관심을 보여 물건을 보고 갔다고 한다. 우리에게 430억 원이 있다면 이러한 매물을 살 수 있겠는가? 아마, 상위 0.1%의 부자가 아니고서는 그 돈으로 다른 투자에 눈을 돌릴 수밖에 없다. 큰 저택에 사는 것도 좋지만, 같은 돈이라면 수익을 창출하는 것이 대부분 사람의 꿈이자 최종 목표이기 때문이다.

## 전원주택

자연을 낀 전원주택은 직접 가서 보면, 그림 같은 경관을 갖추고 있어 당장 살고 싶어지는 동화 같은 느낌의 주택이 많다.

[자료 1-11] 자연을 낀 전원주택 | 출처 : unsplash

사람은 나이가 들면 보통 자연으로 돌아가고 싶어진다. 게다가 집 앞에는 계곡물이 흐르고, 산을 끼고 있어 주변에는 등산로가 있고, 낚시까지 할 수 있는 곳이 있다면 자연 속에서 자급자족하며 살 수 있다. 자연을 로망으로 삼는 분들은 이런 단독주택을 꿈꾼다. 특히, 베이

비 붐 세대가 이런 곳을 많이 찾는다. 단독주택은 아니어도, 컨테이너라도 하나 가져다 두거나 작은 촌집이라도 리모델링해 자연에서 살고 싶은 분들이 많다. 하지만, 시내가 아주 먼 자연 속 전원주택은 사람이 살기가 힘들다. 즉, 팔기가 힘들고, 투자 가치가 없다는 이야기와 같다.

보통 자연을 낀 전원주택에는 젊은 사람보다 나이가 어느 정도 있고 은퇴 시기, 즉 보통 일하는 시기보다 일을 마무리하는 시기의 사람들이 들어가곤 한다. 이런 분들은 자연도 좋지만, 병원이 가까이 있어야 한다. 1분 1초를 다투는 위급한 순간에 병원까지 1시간을 가야 한다면, 위험천만한 일이 생길 가능성도 배제할 수 없다. 뇌졸중의 골든타임은 짧게는 2 ~ 3시간, 길게는 4 ~ 5시간이라고 한다. 이러한 골든타임을 놓치지 않기 위해서는 병원이 가까워야 하지 않겠는가. 또한, 마트에 가고 은행에 가려고 해도 차를 타고 한 시간씩 가야 한다면, 마음의 짐이 생기면서 도리어 전원주택을 떠나고 싶다고 생각하게 된다. 하지만 막상 매물로 내놓아도 마땅한 임자를 찾기 어렵다. 현금 회수가 되지 않아 이 전원주택은 애물단지로 전락하게 되고, 그렇게 수년 동안 마음고생을 하는 분들도 많이 봐왔다. 그러니 시내와 가까운 곳으로 전원주택을 얻길 바란다. 그리고 전원주택에 꼭 살고 싶다면, 우선 전세 또는 월세로 살아보길 권한다. 물론 전원주택은 전세 및 월세로는 거의 나오지 않는다. 하지만 운 좋게 기회가 생긴다면 전세, 월세로 살아보고 매매하길 권한다. 또한, 전원주택을 지을 때는 대형 면적보다는 25평 전후가 가장 좋다. 독특한 형태의 건축 양식은 건축비도 만만치 않을뿐더러 본인 눈에는 좋아 보일지 몰라도 취향이 개입되기 때문에 그 취향에 맞는 수요를 찾아야 매도가 가능해진다. 당연히 전원주택을 지을 때는 여생을 그 전원주택에서 마감하겠다고 짓는 분들도 계시나, 살다 보면 생각과 상황이 바뀔 수 있기 때문에 주의해야 한다.

## 재개발 지역, 재개발 지역 인근, 인구 밀집 지역의 단독주택

재개발 지역의 단독주택은 보통의 단독주택보다 비싸다. 신축급 주거단지로 바뀔 일만 남았기 때문이다. 그렇다면 기다리더라도 재개발 구역 예정 전 물건을 사면 되지 않느냐고 하는 분들도 있을 것이다. 하지만 재개발구역으로 지정은 되지 않았지만, 주변이 재개발로 바람이 불면 풍선 효과로 가격이 올라 있을 수가 있어 저렴하지 않다. 재개발은 들어가는 시점이 중요하기 때문에 재개발 지역의 단독주택 투자는 신중해야 한다. 목돈이 오랫동안 잠길 수 있기 때문이다. 혹자는 재개발 지역은 손바뀜이 많이 일어나지 않느냐고 할 수도 있다. 그러면 투자 가치 있으니까 차액을 남기고 팔겠다고 말이다. 하지만 단독주택은 목돈이 들어가는 투자이기 때문에 그 돈을 안고 살 사람이 얼마나 될까? 특히, 그만한 돈이 있으면 보통은 투자할 수 있는 다양한 방향이 제법 있다. 재개발이 아니어도 말이다. 재개발 단독주택을 투자하는 사람들은 어느 정도 자산이 있고, 여유가 있는 사람, 또는 부동산 투자를 여러 번 해본 사람일 가능성이 크다. 또는 상속이나 증여가 일어난 경우일 것이다. 재개발은 시기를 보고 움직이기 때문에 시기를 잘못 들어가서는 큰 목돈이 묶일 수 있다.

재개발이 아니라면 그 주변이나 인구 밀집도가 높은 단독주택 투자는 어떨까. 재개발 주변은 매우 낙후된 모습이며, 연식도 꽤 오래되었을 것이다. 매매가격은 만만치 않겠지만, 이런 곳의 대지 면적 70평 이상의 단독주택은 투자할 만하다. 투자 겸 거주하면서 향후, 다가구주택을 신축할 수 있기 때문이다. 오히려 물건을 내놓으면 신축업자들이 와서 사업성 검토를 해본다. 대지 면적 70평 이상의 단독주택에 살다가 수십억 원에 매각한 사례도 많다. 또, 주변에 갑자기 고가 아파트가 들어오거나, 역이 들어오면, 그곳의 토지 가격은 평당 수천만 원을 호가한다. 입지가 좋은 단독주택은 빌딩 형태의 신축을 할 수 있다.

강남 대부분 단독주택은 이러한 형태로 손바뀜이 되고 있다. 이면 도로나 경사가 가파른 도로에 있는 건물들도 이색적인 카페나 식당, 상점으로 바뀌고 있다. 용산의 한남동 꼼데가르송 거리 같은 경우는 단독주택이 색다른 상가 거리로 바뀌면서 동일한 건물이 아닌 주택을 개성 있는 공간으로 바꾸어서 옷 가게, 카페, 브런치 가게, 멀티숍 등 다양하게 활용하고 있다. 그러니 단독주택이라고 꼭 부정적일 필요는 없다. 금전적인 여유가 있다면, 이런 투자도 고려해볼 만하다.

### 호재가 없는 단독주택

호재가 없는 단독주택은 보통 지방이나 외곽에 예전부터 우리 부모님 세대, 또는 할머니, 할아버지가 살고 계신 주택인 경우가 많다. 건축한 지 오래되어 신축하거나 그 상태로 팔아야 하는데, 팔기가 여간 힘든 것이 아니다. 이런 호재가 없고, 인구도 줄어들고 있는 지역의 단독주택은 재개발 호재가 없으니 누가 신축해줄 일도 없고, 관심도 없다. 그리고 건축한 지 오래되었지만, 굳이 외부 리모델링을 하면서 비용을 크게 들이고 싶지도 않은 주택들이 많다. 이런 주택은 내가 리모델링을 하거나 철거 후 새로 신축하는 것이 방법인데, 내가 리모델링을 하자니 그 돈으로 이사 가는 것이 낫고, 철거하고 신축하는 것은 아닌 것 같으니 그대로 계속 사는 것이다. 매물로 나오면 거의 팔리지 않는다. 일전에 돈이 많지 않은 부부 두 분이 공방을 운영하는데 소음이 크다 보니 외진 곳의 오래된 주택을 얻어서 나름대로 꾸미고 1층은 사업장으로, 2층은 주택으로 만들어서 운영하며 재미있게 사시는 경우를 봤다. 그렇게 임자가 있어야만 팔리거나, 끝까지 가지고 가야 하는 경우가 많다.

단독주택에 사는 사람들은 보통 가족 구성원으로만 되어 있어서 독립된 공간에서 자유롭게 움직일 수 있다. 간혹 어린아이들이 있는 집인 경우라든지, 반려동물을 키우는 경우 눈치볼 일이 없다. 또한, 일률적 구조가 아닌 내가 원하는 구조로 바꿀 수 있고, 마당과 옥상이 있다 보니 정원을 꾸미거나 텃밭을 꾸미는 등 여가를 보내는 생활을 할 수 있다. 또한, 관리비가 별도로 들지 않는다.

반면 돈이 부동산에 많이 묶인다. 같은 투자 금액이 있다면, 투자 효용을 높이는 투자를 해야 한다. 단독주택은 장기전으로 봐야 한다. 또한, 장점이 단점이 될 수가 있다. 공동주택처럼 관리비가 없으므로 모든 수리를 집주인이 감당해야 한다. 도심에서 많이 떨어진 단독주택 소유주는 집에 웬만한 수리 장비들이 있는 경우가 많고, 직접 수리할 수 있는 선까지는 고쳐서 사용하는 경우가 많다.

또한, 아파트처럼 매수인의 수요가 별로 없어서 한번 사면 되팔기가 어려워져 환금성이 떨어진다. 보통 경매나 공매, 그리고 급매물 채널에 자주 등장하는 것이 단독주택이다. 왜 그럴까? 누차 강조했듯 팔기가 어렵기 때문이다. 단독주택은 사람이 내부에 살지 않으면 관리가 안 된다. 2년 정도 비어 있던 단독주택에 간 적이 있었다. 출입문을 열수 없을 만큼 잡초가 무성하게 자라 있었고, 내부를 겨우 열고 들어갔

더니 집 내부가 다 곰팡이로 범벅이 되어 있어 그 냄새와 곰팡이 먼지로 인해 바로 나갔던 기억이 난다. 이런 곳은 더더욱 매수인이 꺼릴 것이다. 기존 소유주는 그곳에 잘살고 있어도 방향, 구조, 자재, 누수, 주변 입지, 들어오는 도로 환경, 주변에 사는 동네 주민까지 신경 쓰는 것이 매수인이기 때문이다. 게다가 취향까지 반영이 되니 여간 까다로운 것이 아니다. 단독주택을 사러 오는 매수인들은 매의 눈으로 나와 있는 단독주택을 보게 된다. 이러한 사람들 대부분이 토지를 사서 신축을 하거나 취향에 맞게 리모델링 하는 분들이 대부분이다. 보통은 지어진 주택들이 내 마음에 쏙 들지 않기 때문인 경우가 많다. 그래서 환금성이 많이 떨어지며, 이렇게 떨어지는 환금성은 매매가격을 낮추게 되고, 최악의 경우 몇 년간 집만 보러 오고 팔리지는 않기 때문에 막심한 손해를 보고 팔게 되는 경우도 허다하다. 또한, 공동주택보다 외부 침입으로부터 취약해 보안에 따로 신경을 써야 하고, 벌레가 많으며, 단열 및 누수도 더 섬세하게 관리해야 하는 단점이 있으므로 잘 알아보고 판단하시길 바란다.

# 몸테크가
# 정답일까?

일명 '몸테크'란 오래된 집에 직접 거주하면서 집값 상승기까지 기다리는 방법이다. 이는 '재건축'이나 '재개발' 이슈가 있는 지역에서 실행한다. 또는 서울 및 경기도에서 재건축, 재개발 지정은 되지 않았으나 향후 지정될 가능성이 큰 오래된 빌라 같은 곳에서 하는 방법이다. 재건축의 대명사인 대치동 은마아파트나 개포동 주공아파트, 우성 아파트 같은 핵심 지역의 아파트는 어쩔 수 없이 몸테크를 하는 경우도 많다. 전국에서 아이들 교육 때문에 들어온 학부모들이 많기 때문이다. 자녀 교육 또는 직장 때문에 어쩔 수 없는 경우가 아니라면, 결론적으로는 추천하지 않는 방법이다. 물론 젊을 때는 고생도 사서 한다지만, 나이가 들어서는 재테크를 해서 몸테크는 가급적 하지 말아야 한다. 몸테크는 삶의 질이 매우 떨어뜨린다.

간혹 천장에서 새는 물을 막으면서도 사는 사람들도 있다. 누수 잡기 어려운 것은 누구나 안다. 누수로 생기는 곰팡이와 벽지 물 자국은 보기만 해도 스트레스다. 곰팡이는 호흡기 질환과도 밀접하게 연관이 되기 때문에 이 모든 것이 나의 삶과 지속해서 연관된다. 곰팡이가 생기면 습한 곳을 좋아하는 바퀴벌레와 집벌레는 퇴치해도 없어지지 않는 가족 같은 존재가 된다.

수면의 질은 양호할까? 이것 또한 유기적으로 연결이 되어 있는데, 공기가 탁하면 오랜 시간을 자더라도 개운하지 않고 피곤하다. 집에서 오랜 시간 있으면 무기력해지고, 우울해짐은 말할 것도 없다. 잠을 계속해서 설치거나 오래 자더라도 피곤하다면, 집에 있으면 우울함이 감돌고 힘이 없고 아무것도 하기 싫다면, 우리 집을 한번 돌아볼 필요가 있다.

오래된 콘크리트에는 독소가 있어서 계속해서 독소를 뿜어낸다고 한다. 우리도 모르게 나쁜 독소를 마시고 있는 셈이다. 특히, 방에서 흡연하던 세입자가 있었다면 그 독소는 내가 마시고 있다고 생각하면 된다. 또한, 오래된 배관의 녹물은 옵션이다. 요즘은 연수기, 녹물 필터 등 다양한 제품이 소개되고 있지만, 배관은 보통 신축하고 나서는 교체할 일이 없는 제품이다. 그러니 30년 된 배관이라면 그 배관에 물때와 곰팡이, 녹물이 얼마나 되겠는가.

주차 전쟁은 말할 것도 없다. 새벽에 차를 빼줘야 하는 경우도 생기며, 중립 주차를 했다가 바퀴를 직선으로 해놓지 않았을 때는 차량 범퍼가 깨지거나 금이 가는 경우도 많다. 밤늦게 주차하기 위해서는 멀리 주차하거나 남의 집 앞에 세워 놨다가 정신적인 모멸감까지 맛볼 수 있다. 세상에 좋은 사람만 있겠는가. 견인까지 하는 사람들이 있으니 불편함은 이루 말할 수 없다.

몸테크는 몸만 불편한 것이 아니라 정신까지 불편하게 만든다. 정신이 불편해지면 직장생활이나 사회생활을 하면서 사소한 일에도 신경이 곤두서고 짜증이 난다. 왜일까? 사람이 하루에 사용할 수 있는 에너지가 100%라고 하면, 집에서 받는 스트레스로 이미 많은 에너지를 까먹고 출근을 하기 때문이다. 그러니 부지런히 재테크 공부해서 몸테크를 벗어나자. 그것이 삶의 질을 높이는 방법이다.

# 미래의
# 주거 트렌드

2022년 12월에 수도권 주택소유자 1,000명을 대상으로 '2022년 미래주택 소비자 인식'을 조사했는데, 주거시설을 구입할 때, 고려하는 요인으로 '내부 평면구조'와 '부대시설', ' 조경시설', '전망과 조망'이라는 응답이 나왔다. 코로나 이후 집에 머무는 시간이 늘어나면서 사람들이 내부 평면과 부대시설, 조경시설에 대해 중요하게 여기는 것으로 나타났다.

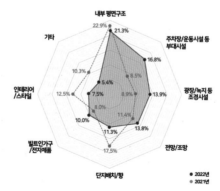

[자료 1-12] 미래의 주거 트렌드 | 출처 : 피데스개발

차별화 테마를 묻는 질문에는 '커뮤니티 특화주택', '헬스케어 건강주택', '조경 특화주택', '고급 인테리어 주택' 순으로 응답했다. 이를 통해 우리는 삶의 질을 더 중시하는 것이 미래의 트렌드임을 알 수 있다. 이제는 Z세대(1318세대)가 주택 시장의 주인공이다. Z세대는 배고프고 힘들게 산 세대가 아니다. 부모가 돈이 많은 사람이 많아졌다. 이미 소비에도 영향력을 끼치고 있기에 향후 Z세대가 대중의 주택 구입 성향을 바꿔놓을 것으로 본다.

종합부동산개발회사인 '피데스개발'에서는 매년 공간 트렌드를 선정한다. 2009년부터 매년 발표하는 것인데, 사이트(https://www.ifides.co.kr)에 들어가면 볼 수 있다. 부동산도 트렌드가 바뀐다. 정체된 상태로 살다 보면 멈춘 것이 아니라 오히려 뒤처질 수밖에 없다는 것을 깨달아야 한다. 2022년, 2023년의 공간 7대 트렌드를 소개해본다.

[자료 1-13] 공간 7대 트렌드(2022 ~ 2023년) | 출처 : 피데스개발

## 페르소나 원픽

자신의 재력과 명품을 과시하는 플렉스(Flex), 개인의 취향과 신념을 솔직하고 거침없이 드러내는 미닝아웃(Meaning Out)이 공간에 개성이 반영되는 페르소나 원픽이 유행한다. 나의 자아를 담은 딱 하나의 내

공간을 만든다는 것이다.

## 멀티 어드레스

코로나19 이후 재택근무, 비대면 수업, 원격회의 등이 일상화되면서 일과 휴가를 함께하는 '워케이션(Worcation)' 공간이 늘고, 택배를 받는 곳이 주소지가 되는 '멀티 어드레스(복수의 주소)' 시대가 도래할 것이다. 주중에는 휴양지에서 재택근무를 하고, 주말에는 도심으로 가서 쇼핑을 즐기는 사람들이 늘어나고 있다.

## 구심역(驛)의 법칙

지하철과 고속철 등 역을 중심으로 사람이 모여드는 '구심역의 법칙'이 강화되고 있다. 대중교통 지향형 도시개발방식(TOD)이 역세권 개발로 이어지면서 역세권이 중심이 되는 구심역(驛)의 법칙이 일반화되고, 현실과 가상의 경계가 사라지는 '현가실상(現假實想)' 작용도 일어날 것이다.

## 세대 빅뱅현상

밀레니얼세대와 Z세대 등 각 세대가 나뉘고 연결되는 '세대 빅뱅' 현상도 일어날 것으로 예측됐다. 'MZ세대(2030세대)'라고 불리는 밀레니얼세대와 Z세대가 사회의 주역으로 성장하면서 세대별 특성이 뚜렷하게 분화하고, 세대 간 영향을 주고받는 '세대 빅뱅 현상'으로 인한 공간의 변화가 일어날 것이다. Z세대가 새로운 힙(Hip)플레이스를 개척하고, 이것이 밀레니얼 세대로 확산되어 부모인 X세대에까지 영향을 주는 것 등이다.

## 벌크업 사이징

최근 공간을 줄이는 다운사이징 또는 미니멀리즘이 유행했다면, 이제는 거리 두기와 재택근무로 인해 더 넓은 공간에 대한 수요가 증가할 것으로 예상된다. 이른바 '벌크업 사이징(Bulk-up Sizing)' 현상으로, 바닥면적의 증가뿐만 아니라 실내 천장고를 높여 3차원 체적을 늘리려는 경향도 강화될 것으로 보인다. 또 코로나19 이후 재택근무 확산 등으로 주거 공간의 규모가 커지는 '벌크업 사이징'이 확대되고, 기존보다 층고를 높인 개방감 있는 공간도 인기를 끌 것으로 예상한다. 과거 다운사이징 또는 미니얼리즘의 반작용으로 공간을 빼곡히 채우는 클러터코어(Cluttercore) 인테리어도 인기를 끌 것으로 전망한다.

## '룸앤룸, 룸인룸'

휴대용 홈오피스 캡슐부터 오메가룸(나만의 취미를 즐기는 방)까지 방 속에 방이 들어서는 '룸앤룸, 룸인룸(Room & Room, Room in Room)' 시대가 열릴 것으로 예상한다. 창고·보조주방·옷방 등 여러 용도로 쓸 수 있는 알파룸·멀티룸 등이 만들어지고, 나만의 플렉스(Flex)한 삶을 즐기는 오메가룸도 인기를 끌 것이다.

## 현가실상 작용

현실에 기반해 가상세계가 열리고, 가상세계가 현실에 영향을 주는 '현가실상' 작용도 나타날 것으로 전망됐다. 예컨대 인공지능(AI) 알고리즘이 나의 취향에 맞춰 갈 곳을 추천하고, 내가 한 경험이 데이터로 분석되어 새로운 트렌드가 된다는 것이다.

# PART 2

## 수익형 부동산 틈새시장, 오피스텔 투자

# 주거용 오피스텔과
# 업무용 오피스텔

오피스텔은 크게 2가지 종류가 있다. 사용 목적에 따라 주거용과 업무용으로 나뉜다. 주거용으로 사용하면 주택 수에 포함이 되고 업무용으로 사용한다면 주택 수에서 제외된다. 2가지 용도에 따라 과세방식이 달라지는데 오피스텔은 매달 나오는 임대료를 받기 위해 투자하는 경우가 많다. 이때 월세가 나오는 방식이 어떤 방식으로 받고 있는지에 따라 큰 틀에서 구분이 되는데 부가가치세를 포함해서 월세를 받고 있다면 업무용 오피스텔, 그렇지 않다면 주거용 오피스텔이라고 보면 된다. 업무용 오피스텔이면 일반 임대사업자로 등록하게 되면 건물분의 10%를 환급받을 수 있는 시스템이다. 반면 주거용으로 사용한다면 환급대상이 아니다. 예전에 지인이 업무용으로 임대했는데, 알고 보니 임차인이 해당 오피스텔에서 숙식하며 주거용으로 사용한 경우가 있었다고 한다. 당연히 업무용 오피스텔로 임대했기 때문에 '주택 수에 포함되지 않는다'라고 생각하고 다른 주택을 매도했다. 이후 양도세를 계산했는데 과세당국에서 주거용으로 봐서 양도세 폭탄이 나와 결국 기존에 매도한 주택에서 큰 이익을 보지 못한 채 힘들었던 경험이 있었다고 털어놓았다. 이는 '실질과세 원칙'(법적인 서류 외 실제 사용된 용도에 따라, 실제 수익을 본 사람을 대상으로 과세)에 따라 실제 오피스텔을 어떤 용도로 썼는지를 보고 과세하는 것이다. 오피스텔을 보유하고 있으면서 주택 매도 계획이 있다면 세무 상담을 꼭 진행해야 손실을 막을 수 있을 것이다.

아파트와 오피스텔의 차이점은 아파트보다 전용률이 낮아 실사용 공간이 좁은 편이다. 아파트는 공급면적을 기준으로 하지만 오피스텔은 계약면적으로 분양하기 때문이다(용어 다음 참조).

또 하나 업무용을 주거용으로 전환하는 경우 관할 구청 세무과에 가서 기존의 업무용 오피스텔을 주거용 오피스텔로 사용한다는 내용의 '과세 대상 변동 신고서'를 제출해야 주택과 동일하게 과세가 된다. 주택으로 변동신고를 하게 되면 부가세 환급분에 대해 다시 추징되니 이점을 기억해두면 좋을 것 같다.

| | 취득 | 보유 | 양도 |
|---|---|---|---|
| 업무용 오피스텔 | 부가가치세 환급 | 과세 대상 | 상가와 동일 |
| 주거용 오피스텔 | 취득세 감면<br>(임대주택 등록 시) | 2,000만 원 이하<br>: 분리과세 또는<br>  종합과세<br><br>2,000만 원 초과<br>: 종합과세 | 주택과 동일 |

[자료 2-1] 업무용 오피스텔과 주거용 오피스텔 과세체계 차이 | 출처: 저자 작성

[자료 2-2] 오피스텔 | 출처 : 픽사베이

### 주거용 오피스텔

사실상 주거용으로 사용하거나 건물의 시설 상태가 주거용인 경우와 상시 또는 장시간 사용해 주거용으로 사용하는 것이 명백한 경우, 오피스텔은 주거용에 해당한다. 즉, 사람이 상주하면서 장기간 주거시설을 이용하면서 살면 주거용으로 판단한다는 뜻이다. 주거용 오피스텔의 임대사업자 등록은 취득 후 60일 이내에 등록해야 하며, 주택 임대 사업으로 등록한 경우, 임차인이 전입신고를 할 경우도 주거용 오피스텔로 보며, 이때 임차인은 전입신고 및 확정일자를 받을 수 있다.

### 업무용 오피스텔

업무용 오피스텔은 일반임대사업자 등록 오피스텔과 본인 사업용 오피스텔로 나뉜다. 일반임대사업자 등록 오피스텔은 계약 후 20일 이내에 일반임대사업자 등록을 해야 하며, 임대 의무 기간은 10년이다. 취득에 대한 취득세는 일반임대사업자 등록 오피스텔이나 본인 사업용 오피스텔 모두 4.6%이며, 농어촌특별세 0.2%, 지방교육세는 0.4%로 같다. 부가가치세의 경우, 일반임대사업자 등록 오피스텔은 건물 가액에 대한 10%를 환급받을 수 있으며, 본인 사업용은 간이 과세의 경우 환급이 불가하다. 일반 과세의 경우 환급이 가능하다. 재산세의 경우, 일반임대사업자 등록이나 본인 사업용 모두 토지 건물 분리 과세로 시가표준액의 70%다.

일반임대사업으로 등록되어 있지 않은 경우라도 임차인은 전입신고를 할 수 없고, 전세권 설정이나 확정일자를 받을 수 없다.

# 원룸, 투룸, 쓰리룸 오피스텔 중
# 가장 많이 오르는 상품은?

### 저렴한 오피스텔이 인기가 없는 이유

오피스텔은 원룸, 투룸, 쓰리룸이 있다. 84m² 오피스텔은 보통 '아파텔'이라고 부른다. 최근에는 아파텔이라고 표현하는 84m²의 오피스텔이 인기를 얻고 있다. 여기서 원룸형 오피스텔과 투룸, 쓰리룸 오피스텔을 분리해서 생각해야 한다.

오피스텔은 지방으로 갈수록 신중히 선택한다. 지방으로 갈수록 아주 저렴하게 오피스텔을 살 수 있지만, 왜 그런 물건들이 남아 있는지, 그리고 왜 이렇게 오르지 않았는지를 의심해봐야 한다. 그런 물건들은 거의 오름폭에 변화가 없다. 당연히 월세도 아주 적게 받고 있을 것이다. 이런 곳에 거주하는 임차인은 비슷한 신축으로 가길 원하는 수요들이 많아서 주변에 신축 오피스텔이 생기면 이동하는 경향이 있다. 월세를 아끼고 싶거나 몇 년 살겠다고 하면, 사회 초년생인 경우 오피스텔을 구입해서 내 방식대로 꾸며서 사는 방법도 긍정적으로 생각하는 편이다. 하지만 대부분 사람은 부동산 자산이 늘어갈수록 작은 물건들은 정리하고 싶은 욕구가 생긴다. 부자들이 왜 작은 것 여러 개를 사지 않고, 좋은 것 하나씩 사겠는가.

최근에는 원룸형 오피스텔보다는 대형 평수의 오피스텔이 아파트 대체 상품으로 인기 있는 편이다. 특히 서울, 경기 수도권에 있는 1,000세대 이상으로 구성된 아파텔은 인기가 매우 좋은 편이며, 오히려 인근 아파트보다 상승 폭이 큰 오피스텔도 있다. 다수의 아파텔은 상업지역에 있어 땅값이 매우 높은 편이고, 주거 및 업무 환경이 인근 아파트보다 상당히 좋은 편이기 때문이다. 하지만 이는 서울, 경기 수도권에만 있는 한정적인 현상으로, 지방으로 갈수록 오피스텔 투자에 실패하는 경우가 많다. 대체재가 너무 많거니와 일반적으로 사람들은 아파트를 더 선호하는 경향이 있기 때문이다. 아파트는 환금성이 좋고, 사람들이 안정성을 더 느낀다. 따라서 오피스텔에 투자할 때는 서울, 경기 수도권에 있는 아파텔을 공략하는 것이 좋다. 아파텔 중에서도 주변 상권이 좋고, 학군이 좋으며, 인근에 역이 있으면 금상첨화다. 인근에 종합병원과 대학교, 공공기관, 기업, 개발 호재가 있는 곳을 선정해 투자하는 것이 오피스텔 투자의 성공 열쇠다.

## 오피스텔을 보유하면 내야 하는 비용은?

오피스텔은 아파트, 빌라 등 주택과 달리 주택 수에 포함되지 않는다. 다주택자라고 하더라도 단일 세율 4.6%를 적용하기 때문에 취득세 중과를 받지 않는다. 현재 주택의 취득세는 조정대상지역의 경우 2주택은 8%, 3주택은 12%로 중과해 산정하고 있으며, 비조정대상지역의 경우 2주택은 1 ~ 3%, 3주택은 8%, 4주택은 12%로 중과해 산정하고 있다(2023년 5월 기준). 주택 수가 많다면 아파트나 빌라 등 주택 투자보다는 오피스텔로 눈을 돌리는 것도 좋은 투자 방법이다.

오피스텔 역시 계약 시 계약금 10%를 지급하고, 공사 진행률에 따라 중도금을 지급한다. 보통 중도금은 60%인 경우가 많다. 매수자에 따라 중도금 대출을 하기도 하며, 현금으로 지급하기도 한다. 준공 후 잔금을 지급하는 방식이다. 입지가 정말 좋은 곳에 있고, 세대 수가 많으며, 인근에 공공기관 및 대형 병원 등이 있는 대단지 아파텔에 투자한다고 했을 때 향후 집값이 오를 것이라 예상한다면 분양금의 10%만으로 투자가 가능할 것이다. 즉, 중도금을 대출한다면 완공 시점까지 들어가는 돈이 없다. 중도금은 무이자, 후불제인 경우가 많고, 임차인의 보증금으로 잔금을 치를 수 있기 때문이다. 분양금의 10%만으로 향후 가치가 높은 대형 오피스텔을 투자할 수 있다면, 적은 금액으로 자본 이득을 크게 가져갈 수 있는 투자 방법인 것이다.

하지만 원룸형 오피스텔 및 투룸형 오피스텔은 시세의 변동이 거의 없고, 환금성이 낮다. 특정 지역은 제외하더라도 말이다. 부동산은 지역성이 강하기 때문이다. 작은 대지 위의 세대 수가 적은 오피스텔은 관리비가 많이 나오며 전용률이 낮다. 건물이 노후화될수록 유지비가 증가하며, 내부와 외부의 노후화로 인해 임대가격도 내려가는 현상이 있다. 오피스텔도 수익형 부동산이므로, 임대가격의 하락은 곧 매매가격의 하락으로 직결된다. 또한, 인근에 신축 오피스텔이 생겼을 시에는 임대 수요가 함께 이동하는 단점이 있다. 임대 수요의 이동은 역시 임대가격의 하락과 직결된다. 원룸형 오피스텔 및 투룸형 오피스텔은 도시형 생활주택, 다가구주택, 고시원, 셰어하우스, 빌라 등의 대체 공급이 많아서 주변에 신규물량이 생기면 공실이 생기기 쉬우며, 임대인은 부득이하게 임대가격을 내려야 하는 상황에 놓이게 된다. 앞서 말했듯이 임대가격의 하락은 곧 매매가격의 하락으로 직결된다. 공실이 장기화하면 관리비를 주인이 납부해야 하므로 월세를 받으려 투자했다가 오히려 손해가 나는 상황이 발생한다. 수익이 마이너스가 될 수도 있다는 말이다.

오피스텔 투자는 신중하게 판단하고 검토해 투자하는 것이 좋다. 환금성이 낮아서 잘못된 오피스텔 투자는 처분할 수 없는 골칫덩이를 떠안게 되는 결과를 얻을 수도 있다. 그런데도 원룸형 오피스텔이나 투룸형 오피스텔의 임대이익을 잘 얻고 싶으면, 다른 오피스텔과 차별화를 두거나(인테리어 및 추가 옵션 등) 인근 공인중개사에게 수수료를 더 챙겨주겠다고 이야기해두면 좋다.

# 오피스텔 투자 전,
# 입지 선정 성공과 실패의 Key

오피스텔 투자는 첫 번째로 임차인의 수요를 파악하는 것이 중요하다. 즉, 거주할 사람의 유형과 소득 수준, 소비 습관 등이 될 것이다. 역세권이나 대학가, 업무 시설 밀집 지역, 대중교통 발달 지역, 병원 인근 지역 등에 투자하면 좋다. 도심과의 접근성도 중요한데, 주변에 큰 기업이 있다면 접근성이 중요한 변수가 될 수 있다. 외국인을 대상으로 렌트하는 것도 좋다. 기업 임직원이나 유학생, 학원 강사 등이 증가하고 있기 때문이다. 인구 증가 지역이면서 실수요와 기대 수요가 몰리는 지역, 인프라가 갖춰진 주변 환경이 양호한 곳을 선별해야 한다.

투자하는 오피스텔이 괜찮은 투자인지, 아닌지를 판단하는 방법이 있다. 임대가격 비율을 보는 방법과 수익률을 보는 방법이다. 임대가격 비율이란 매매가격 대비 전세보증금 비율을 말한다. 즉, 전세보증금이 매매가격에서 어느 정도를 차지하는지를 말한다. 전세, 월세를 받고 있거나 받을 예정이면 월세에 전환율을 곱해 전세보증금으로 변환하면 된다. 오피스텔은 임대가격 비율이 높아야 한다. 임대가격 비율이 높아야 하는 이유는 수익형 부동산이기 때문이다. 임대가격 비율이 높다는 의미는 매매가격 대비 수익이 높다는 의미와도 같다. 수익형 부동산에 일반적으로 통용되는 법칙이다. 매매가격이 낮은 데 비해 임대가격이 높은 오피스텔도 있다. 이러한 오피스텔은 투자해도 손해를 보지 않을 가능성이 크다.

임대가격 비율을 구할 때 '임대보증금 + (월세 × 100) > 매매가격'이면, 좋은 매물에 해당한다.

**예시 (1)** 1억 원 + (70만 원 × 100) = 1억 7,000만 원 > 1억 6,000만 원

임대가격이 매매가격보다 높아서 좋은 매물로 생각하면 된다. 다만, 이런 오피스텔은 찾기가 힘들다.

**예시 (2)** 3억 원 + (100만 원 × 100) = 4억 원 < 6억 5,000만 원

임대가격 비율이 61%로 투자 가치는 있으나 신중한 투자가 필요한 매물이다. 오피스텔 투자 자체가 많은 위험성을 내포하고 있으므로, 임대가격 비율이 50%를 넘었다고 하더라도 신중하게 투자하는 것이 옳다.

임대 수익률은 연 10% 이상 기준, 1억 원 투자 시 연 1,000만 원/월 83만 원 이상 받으면 투자성이 좋다고 판단한다.

임대 수익률 = 연간 수입 총액/매매금액 - (대출금 + 임대보증금) × 100(%)

**예시 (1)** 720만 원/1억 6,000만 원 - (0 + 2,000만 원) × 100(%)

(대출금 없고 이자 부담 없는 경우)

720만 원/1억 4,000만 원 = 5.1%

**결론** 임대 수익률이 예금 금리보다는 높다. PER 개념으로는 원금을 회수하는 데 20년이 걸린다.


**예시 (2)** 1,200만 원/6억 5,000만 원 - (0 + 3억 원) × 100(%)

1,200만 원/3억 5,000만 원 = 3.4%

**결론** 투자 대비 수익률이 떨어지고, 유지비를 포함하면 더 떨어진다.


---

### 🖋 Tip  오피스텔 분양권 전매 절차

① 분양권 전매 계약서 작성

② 매도나 매수자가 관할 지자체에 실거래 신고(인지세 2 ~ 35만 원 발생, 계약서에 수입 인지 구매해 첨부)

③ 중도금 대출이 있는지 확인해 은행에 방문해 승계 처리

④ 분양 시행사 사무실 방문해 권리 의무 승계 계약서(명의 변경) 체결

　(준비물 : 분양계약서 원본, 매매계약서, 실거래신고필증, 인감증명서, 인감도장, 신분증)

⑤ 매수자는 시행사로부터 분양계약서를 수령

　매도자는 최초 분양 시에 등록한 사업자등록을 폐업 신고해 마무리

\* 취득세 면제 혜택을 받으려면 취득일(잔금 납부일) 전에 주택 임대사업 등록을 해야 한다.

# 평당 1억 원?
## 하이엔드 오피스텔

상위 1%를 위한 주거시설의 개념인 하이엔드의 열풍은 대략 2018년부터 시작되었다. 21년 서울에서만 40여 개의 주거시설이 하이엔드라는 이름으로 분양되었고 2022년에도 서울에서만 70여 개 이상의 하이엔드 주거시설들이 분양했다. 이는 국내만의 이슈는 아니다. 하이엔드 주거시설의 성지인 미국의 뉴욕, 영국의 런던에서도 열풍이 이어지고 있고 한국보다 5년 정도 먼저 시작되었다. 하이엔드 오피스텔이란 무엇일까? 하이엔드 오피스텔을 알고 있는 분이라면, 어느 정도 부동산에 관심이 있다는 이야기이고, 투자해본 투자자로 생각이 된다. 하이엔드 오피스텔은 강남과 여의도, 용산 등 대한민국 최고의 입지에 최고급으로 짓는 오피스텔을 말한다. 이런 오피스텔은 조식 서비스와 골프연습장, 사우나, 스카이라운지, 스카이 피트니스, 루프톱 가든, 세컨드 로비, 프라이빗 풀 등 다양한 편의시설을 갖추고 있다. 보통은 서울 한복판에서도 제일 땅값이 비싼 곳에 고층으로 지어 도심 야경을 즐길 수 있다거나, 한강 전망을 즐길 수 있게끔 설계한다.

이러한 상품에는 어떤 사람들이 투자할까? 부동산 부자들 사이에서는 '상급지'를 선호하는 추세가 강하고, 특히 주식이나 코인에 투자해 급격히 부자가 된 '영리치'의 선호도가 높았다고 한다. 강남 3구의 한강 조망, 도심 조망, 공원 조망에 대한 열망이 강함을 반영하는 것이다. 또한, 강남 3구의 주택 공급이 씨가 마르자 오피스텔을 선택하는 이들도 늘어났다. 금액은 보통 15억 원 전후로 형성되어 있다.

한때 하이엔드 오피스텔은 완판을 거듭할 정도로 인기가 많았지만, 입주를 앞둔 단지에선 속칭 '마이너스 프리미엄'이 붙어 분양가보다 저렴한 매물들이 나오고 있어 투자에 주의가 필요하다. 이런 오피스텔의 경우 투자 상품의 성격보다 사치재의 성격이 강한 편이다. 부자들의 상품이기 때문에 일반 투자자에게는 맞지 않는다. 단점은 목돈이 들어가면서 임대하거나 자가로 거주해야 하나, 임대한다면 나도 살 집을 마련해야 하고, 큰 자본금이 묶이게 된다. 돈이 정말 많지 않다면, 종잣돈을 굴리면서 크게 만들어 가는 방법이 좋다. 앞서 나열한 다양한 편의시설은 관리비가 커짐을 의미하므로 투자 관점으로 봤을 때는 하이리스크 상품이다.

---

**🖊 Tip    오피스텔 투자 포인트**

① 원룸 오피스텔은 주변 대체 상품의 신축 분양물량 및 경쟁 물건의 공실률, 가격을 면밀히 파악한다.
② 오피스텔은 수익형으로 생각하고, 은행 이자보다 조금 더 받는다고 생각하고 투자하는 편이 편하다.
③ 대도시의 대단지 쓰리룸 아파텔에 주목하라.
④ 핵심 지역의 오피스텔은 가격이 오르게 되어 있다.

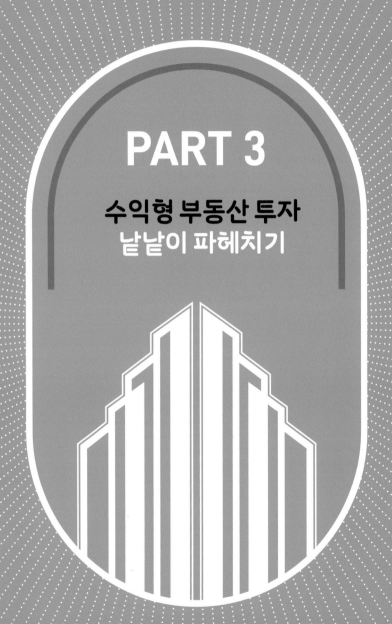

# PART 3

## 수익형 부동산 투자
## 낱낱이 파헤치기

# 수익형
# 부동산이란?

    수익형 부동산은 수익을 창출할 수 있는 부동산을 말한다. 주거용 부동산과 대비되는 상품이고, 월세를 받는 부동산을 지칭할 때 주로 사용한다. 일반적으로 임대차 계약을 진행해 수익을 얻는 구조로, 경기 변동에 민감한 특성이 있다. 또한, 입지 선정과 배후 유동 인구, 접근성(대중교통)이 매우 중요하다.

    오피스텔, 다가구주택, 상가주택, 상가, 오피스가 대표적인 수익형 부동산이며, 이 외에도 창고, 지식산업센터, 임대주택, 토지도 해당한다. 수익의 종류에는 자본이득과 임대소득이 있으며, 자본이득은 자산을 취득할 때의 가격보다 남에게 넘길 때의 가격이 더 높음으로써 발생하는 이득을 말한다. '세법'상으로는 양도소득의 개념이다. 임대소득은 매회기(매회기는 주 단위, 월 단위, 년 단위가 될 수 있다)에 따라 소득이 발생하는 것으로, 대표적으로 월세(차임)가 있다.

    수익형 부동산의 개념은 사실 모호한 면이 있다. 수익형 부동산이 차익형 부동산이 될 수도 있으며, 차익형 부동산은 수익형 부동산으로 변동할 수 있다. 예를 들어, 상가의 경우에는 임차인으로부터 매월 차임을 받는 수익형 부동산에 해당하지만, 인근 노후화된 주거지가 재개발되거나, 대단지 아파트가 건설되는 등 기존 상권보다 더 활발한 상권이 만들어지는 것이 예상되거나 만들어지는 경우, 상가의 가격은 과거보다 상승할 수 있다. 이때 처분한다면 자본이득까지 같이 취할 수 있는 것이다. 단순히 상권이 발달하고 상가의 가격이 오르는 것만 자본이득을 취할 수 있는 것은 아니다. 자본이득을 취할 방법은 많다.

예를 들어 거래에 사정이 개입된 경우가 이에 해당한다. 거래에 사정이 개입된 경우란 흔히 말하는 '급매'의 경우를 말한다. 일반적인 시세에 비해 저렴하게 거래하는 경우다. 매도자의 궁핍으로 인한 것일 수도 있으며, 가족 간의 불화, 정보의 부재로 인한 가격의 인지 오류 등이 이에 해당한다. 사정이 개입된 부동산을 매수할 수만 있다면, 임대수익과 상당히 높은 자본이득을 같이 가져갈 수 있을 것이다. 필자가 최근에 거래한 중개 중 사정이 있어 급매가 나온 적이 있었다. 매물은 2014년도 사용 승인일자의 다가구주택으로, 시세는 5억 원 중반대인데 보증금 5,000만 원에 월 340만 원이 나오는 건물이었다. 이 건물은 건물주의 사망으로 인해 손녀가 상속받은 부동산인데, 손녀는 먼 타지에 살고 있고 나이가 어려 관리가 어려운 상황이었다.

결국, 이 다가구주택은 3억 8,000만 원에 거래가 되었다. 매수자는 임대수익을 매년 4,080만 원씩 얻게 되며, 주택의 거래가 활발해질 때약 2억 원의 자본이득을 얻을 수도 있는 매물이다. 이처럼 임대소득외 자본이득을 얻는 방법은 다양하다. 아파트와 달리 수익형 부동산은 대부분 매매가격, 즉 시세를 산정하기 어렵다. 시세를 산정하기 어려운 이유는 시세를 얻을 만한 충분한 사례가 없거나, 부동산의 지역적인 특성(지역성)과 부동산의 개별적인 특성(개별성)에 많은 영향을 받기 때문이다. 수익형 건물을 단순히 수익률의 개념으로 접근하는 수요자들이 많다. 앞서 말했듯이 수익형 건물은 매매가격을 산정하기 힘들뿐더러 매도자조차 얼마에 내놓아야 할지 모르는 경우가 태반이다. 수익형 건물의 매매가격을 산정하는 것과 수익형 건물의 유형별로 매수 시 유의할 점, 어떤 매물을 매수해야 하는지, 매수 후 장단점은 어떤 것들이 있는지 살펴보자.

# 수익형 건물의
# 매매가격 산정하는 법

## 사례를 비교하는 방법

사례를 비교하는 방법은 부동산 가격을 평가하는 기법에서 가장 많이 쓰이는 방법이다. 단순히 말하면 과거에 거래된 다른 매물의 가격을 해당 매물의 가격으로 변환하는 작업이다. 방법적인 측면에서 조금씩 상이하지만, 가격을 매기는 작업에서 많이 이용된다. 일반 재화의 경우에는 전국에 유통되는 재화의 가격이 거의 비슷하지만, 부동산의 가격은 부동산의 지역적인 특성과 개별적인 특성으로 인해 과거의 거래가격을 해당 매물의 현재 가격으로 변환하는 작업을 할 때 좀 더 개별적이고 복합적인 방법을 써야 한다. 사례를 비교하는 방법은 거래된 많은 사례가 있어야 한다. 시간과 지역, 개별적인 특성에 가중치를 둘 수 있을 때 쓰는 것이다. 정부에서 세금을 매길 때 쓰는 공시지가나 공동주택가격 및 개별주택가격도 이런 방법을 사용한다.

부동산은 일반 재화(특히 필수재)와 달리 가격의 상승과 하락을 반복하며, 같은 재료를 써서 건물을 짓더라도 지역에 따라, 그 부동산의 개별적인 특성에 따라 가격이 다르다. 이러한 지역적인 특성과 개별적인 특성을 시간상으로 조정하고 사정의 개입으로 인한 가격을 조정해야 비로소 시장에 부합하는 가격이 만들어지는 것이다. 예를 들어, 지역마다 위치마다 다르기는 하지만, 이면 도로(두 개의 도로)에 접한 코너 땅과 한 면 도로에 접한 부동산은 약 30 ~ 50% 정도의 가격 격차가 난다. 지역에 따라 더 많은 격차가 날 수도 있을 것이다.

부동산 가격이 상승 또는 하락하는 지역에서는 과거에 거래된 시점과 현재 시점 간의 시간적 간극이 있는 경우, 가중치를 반영해야 한다. 1년 전에 거래된 사례가 가장 최신의 사례라면, 1년간 해당 매물의 상승분을 반영해야 한다. 해당 매물의 대략적인 상승분을 알고 싶다면, 해당 지역 부동산의 최근 거래와 과거 거래의 상승 격차를 파악하고, 그 상승 격차분을 반영해야 할 것이다. 해당 지역의 상승 격차분을 알기 힘들다면, 인근 지역의 과거 거래사례와 최근 거래사례를 이용해 상승 격차를 파악하면 된다.

앞서 말했듯이, 급매로 인한 사정의 사례를 가지고 올 때는 급매로 인한 사정분을 정상적으로 거래했을 때 가격으로 보정해야 한다. 타지역의 사례를 가지고 올 경우에는 지역적 격차에 따른 보정을 해야 한다. 서울 강남과 경기도 부동산의 가격은 많은 차이가 날 것이다. 또한, 가져온 사례가 8m 도로에 접한 부동산이거나 해당 매물이 2차선 도로에 접한 코너의 토지라면 그에 대한 보정도 분명히 해야 해당 매물의 적정한 가격을 판단할 수 있을 것이다. 이는 많은 매물을 접하면서 수치화를 해놓을 수도 있겠지만 감각이 중요한 부분이다. 많은 매물의 시세를 파악하고 분석하면서 감을 익히는 것이다. 코너 땅과 아닌 땅의 비교, 전면도로의 넓이에 따른 비교, 해당 부동산의 인근에 공원이 있는지, 시내와의 거리, 내·외부 자재의 종류 등을 종합적으로 수치화해 그 감각을 익히는 것이 중요하다. 즉, 사례를 비교해 매매가격을 산정하는 방법은 이렇다.

거래사례 × 사정 보정× 시간 조정 × 지역 차 조정 × 개별 특성 조정 = 가격

사례를 비교하는 방법만으로 가격을 산정하는 것보다는 여러 가지 방법으로 산정하는 것이 필요하다.

### 수익률을 이용하는 방법

부동산은 개별 물건의 거래마다 개인적인 사정 및 시장 상황 등에 따라 높게 거래될 수도, 낮게 거래될 수도 있어서 한 가지 방법을 이용해 매매가격을 산정하는 방법은 일반적인 오류를 범할 수 있다. 매도자는 자신의 물건가격을 정확하게 알지 못하는 경우가 많아서 다양한 방법들을 이용해 설득 또는 설명하면 충분히 이해하는 경우가 많다.

부동산 매매에서 매수자는 낮은 가격에 매수를 원할 것이고, 매도자는 높은 가격에 매도를 원할 것이다. 매도자와 매수자가 요구하는 가격을 모두 충족하는 가격이 곧 거래금액이 될 것이다. 매수자가 매도자를 설득하는 경우, 원하는 가격을 막연히 제시하기보다는 요구하는 가격이 타당하게, 합당한 자료에 의해 산출된 가격을 제시하는 것이 더 좋다. 수익률을 이용해 가격을 평가하는 방법은 시세보다 높은 가격을 낮추는 방법의 하나가 될 수도 있다.

수익률을 이용하는 방법은 수익률 산정방법에서 매매가격을 $x$값으

로 두고 매매가격을 산정한다.

수익률 = [(월세 − 이자) × 12] / [매매가격(x) − 대출금 − 보증금]

이 계산식에서 x값이 곧 매매가격이 된다. 수익률은 시장 수익률을 적용해야 해당 매물의 적정한 시장가격을 산출할 수 있게 된다. 시장 수익률이란 대상 부동산이 시장에서 가지는 객관적인 가치에 대한 수익률이다. 시장 수익률을 알기 위해서는 인근 유사한 부동산이 가지는 수익률의 평균값을 산정해야 한다. 이 방법은 많은 매물을 알아야 하므로 많은 매물을 접할 수 있는 공인중개사가 취하는 방법이기도 하다. 공인중개사는 그 지역의 많은 매물을 접하기 때문에 그 매물들의 수익률이 얼마인지를 통계적으로, 감각적으로 알 수 있다.

예를 들어, 월세가 1,000만 원이 나오는 건물이 있다고 해보자. 대출은 8억 원 정도이며, 임차인들의 보증금 총액이 2억 원이다. 연이자는 4%, 인근 시장의 부동산 평균 수익률이 8%라고 했을 때, 매매가격을 산정해보자.

- 1년 월세의 총합 = 1,000만 원 × 12 = 1억 2,000만 원
- 1년 이자의 총합 = 8억 원 × 4% = 3,200만 원
- 1년 순수익 : 120,000,000 − 32,000,000 = 88,000,000원
  ※ 88,000,000 / (x − 800,000,000 − 200,000,000) = 8%
  x = 2,100,000,000원

이렇게 산출되어 나온 매매가격은 해당 매물이 시장의 평균적인 수익률을 충족하기 위해서는 얼마에 매매가 되는 게 적정한가를 알려준다. 이 금액은 매도자가 요구하는 주관적인 가격과는 무관한 가격이다. 다만, 매도자 우위 시장에서 부동산 가격은 일반적으로 매도자가 정한 가격대로 정해지기 마련이다. 다만, 매수자 우위 시장일 때는 매수자가 원하는 가격에 의해 가격이 정해질 가능성이 크다. 그럼에도 불구하고, 매수자 우위 시장일 경우에도 매도할 것인지, 매도하지 않을 것인지는 매도자의 의사에 달려 있으므로 매도자 의사가 더 중요하다고 볼 수 있다. 이렇게 산정한 매매가격을 바탕으로 매도자와의 협의를 통해 가격을 조정하는 것이다. 근거 없는 요구보다는 합리적인 근거를 바탕으로 가격 조정을 시도하는 것이 성공적인 거래의 기본이라고 할 수 있을 것이다.

## 토지 가격과 건축비, 수익을 합하는 방법

토지 가격에 건축비와 매도자의 수익을 합해 산정하는 방법으로 지역별, 동별, 용도지역 및 용도별로 토지 가격을 알고 있어야 한다. 앞서 말했듯이 토지 가격은 지역적인 특성 및 개별 물건의 특성으로 인해 지역마다, 위치마다 상이하다. 건축비는 평균 건축비를 적용하면 되는데, 해당 매물이 일반적인 건축비보다 고급 자재를 사용했을 때는 가중치를 둬야 한다.

## ① 2022년 표준 건축비

### 가. 기본형 건축비(주택)

관련 법률은 '분양가상한제 적용주택의 기본형 건축비 및 가산비용'으로 국토교통부 고시 제2022-109호에 지상층 건축비와 지하층 건축비로 구분하고 있다. 국토교통부 장관은 기본형 건축비를 매년 3월 1일과 9월 15일 기준으로 고시하고 있다.

### 나. 고시된 세부 내용

지하층 건축비

(단위 : 천 원 / ㎡)

| 지하층 건축비(지하층 면적 기준) |
| --- |
| 880 |

※ 주거 전용 면적과 무관

지상층 건축비

| 구분(주거 전용 면적 기준) | | 지상층 건축비(주택 공급 면적 기준) |
| --- | --- | --- |
| 5층 이하 | 40㎡ 이하 | 1,846 |
| | 40㎡ 초과 ~ 50㎡ 이하 | 1,934 |
| | 50㎡ 초과 ~ 60㎡ 이하 | 1,872 |
| | 60㎡ 초과 ~ 85㎡ 이하 | 1,802 |
| | 85㎡ 초과 ~ 105㎡ 이하 | 1,846 |
| | 105㎡ 초과 ~ 125㎡ 이하 | 1,829 |
| | 125㎡ 초과 | 1,803 |

| 구분(주거 전용 면적 기준) | | 지상층 건축비(주택 공급 면적 기준) |
|---|---|---|
| 6 ~ 10층 이하 | 40㎡ 이하 | 1,975 |
| | 40㎡ 초과 ~ 50㎡ 이하 | 2,069 |
| | 50㎡ 초과 ~ 60㎡ 이하 | 2,003 |
| | 60㎡ 초과 ~ 85㎡ 이하 | 1,928 |
| | 85㎡ 초과 ~ 105㎡ 이하 | 1,975 |
| | 105㎡ 초과 ~ 125㎡ 이하 | 1,957 |
| | 125㎡ 초과 | 1,929 |
| 11 ~ 15층 이하 | 40㎡ 이하 | 1,854 |
| | 40㎡ 초과 ~ 50㎡ 이하 | 1,942 |
| | 50㎡ 초과 ~ 60㎡ 이하 | 1,879 |
| | 60㎡ 초과 ~ 85㎡ 이하 | 1,809 |
| | 85㎡ 초과 ~ 105㎡ 이하 | 1,853 |
| | 105㎡ 초과 ~ 125㎡ 이하 | 1,836 |
| | 125㎡ 초과 | 1,810 |
| 16 ~ 25층 이하 | 40㎡ 이하 | 1,874 |
| | 40㎡ 초과 ~ 50㎡ 이하 | 1,963 |
| | 50㎡ 초과 ~ 60㎡ 이하 | 1,900 |
| | 60㎡ 초과 ~ 85㎡ 이하 | 1,829 |
| | 85㎡ 초과 ~ 105㎡ 이하 | 1,873 |
| | 105㎡ 초과 ~ 125㎡ 이하 | 1,856 |
| | 125㎡ 초과 | 1,830 |
| 26 ~ 30층 이하 | 40㎡ 이하 | 1,904 |
| | 40㎡ 초과 ~ 50㎡ 이하 | 1,994 |
| | 50㎡ 초과 ~ 60㎡ 이하 | 1,930 |
| | 60㎡ 초과 ~ 85㎡ 이하 | 1,858 |
| | 85㎡ 초과 ~ 105㎡ 이하 | 1,903 |
| | 105㎡ 초과 ~ 125㎡ 이하 | 1,886 |

| 구분(주거 전용 면적 기준) | | 지상층 건축비(주택 공급 면적 기준) |
|---|---|---|
| 26 ~ 30층 이하 | 125㎡ 초과 | 1,859 |
| 31 ~ 35층 이하 | 40㎡ 이하 | 1,934 |
| | 40㎡ 초과 ~ 50㎡ 이하 | 2,026 |
| | 50㎡ 초과 ~ 60㎡ 이하 | 1,961 |
| | 60㎡ 초과 ~ 85㎡ 이하 | 1,888 |
| | 85㎡ 초과 ~ 105㎡ 이하 | 1,934 |
| | 105㎡ 초과 ~ 125㎡ 이하 | 1,916 |
| | 125㎡ 초과 | 1,889 |
| 36 ~ 40층 이하 | 40㎡ 이하 | 1,964 |
| | 40㎡ 초과 ~ 50㎡ 이하 | 2,058 |
| | 50㎡ 초과 ~ 60㎡ 이하 | 1,992 |
| | 60㎡ 초과 ~ 85㎡ 이하 | 1,917 |
| | 85㎡ 초과 ~ 105㎡ 이하 | 1,964 |
| | 105㎡ 초과 ~ 125㎡ 이하 | 1,946 |
| | 125㎡ 초과 | 1,918 |
| 41 ~ 45층 이하 | 40㎡ 이하 | 1,990 |
| | 40㎡ 초과 ~ 50㎡ 이하 | 2,084 |
| | 50㎡ 초과 ~ 60㎡ 이하 | 2,018 |
| | 60㎡ 초과 ~ 85㎡ 이하 | 1,942 |
| | 85㎡ 초과 ~ 105㎡ 이하 | 1,989 |
| | 105㎡ 초과 ~ 125㎡ 이하 | 1,971 |
| | 125㎡ 초과 | 1,943 |
| 46 ~ 49층 이하 | 40㎡ 이하 | 2,052 |
| | 40㎡ 초과 ~ 50㎡ 이하 | 2,150 |

이 표준건축비의 경우 m²를 기준으로 한 표준건축비이며, 주택을 기준으로 한다. 부동산 가격 산정 시에 토지 가격에 건축비를 더한 다

음, 수익을 더한 금액을 가격으로 책정하기 전에 건물 연식에 따른 감가 정도를 조정해주어야 하며, 토지 가격의 상승분을 반영해주어야 정확한 가격을 산출할 수 있다. 그럼 이 방법에 따른 부동산 가격을 산정해보자.

1종 일반 주거지역에 지목이 '대'인 500평의 땅이 있다. 인근 1종 일반 주거지역이면서 지목이 '대'인 토지가 평당 300만 원가량이라고 한다. 해당 지방 자치 단체의 조례를 봤을 때 1종 일반 주거지역의 건폐율이 60%, 용적률은 150%라고 했을 때 건축 가능한 면적과 가격을 산정해보자.

> • 토지 가격 : 3,000,000 × 500 = 1,500,000,000원
> • 해당 용도지역에서 지을 수 있는 건물의 층수는 2층이다.
>   층수 = 용적률/건폐율

해당 토지의 용적률은 150%, 건폐율은 60%이므로 2층까지 건축할 수 있으며, 1층은 필로티 구조로 했을 경우 필로티는 층수에 포함되지 않으므로, 3층 높이의 2층으로 건축할 수 있다.

> • 바닥면적 = 500평 × 60% = 300평
> • 연면적 = 300평 × 2층 = 600평

2022년도 표준건축비 표를 보자면 125m²를 초과하는 5층 이하의 건물이므로 m²당 1,803,000원의 표준건축비가 든다는 것을 알 수 있다. 평당 5,940,000원의 건축비가 든다는 것을 알 수 있다(해마다 건축비가 오르므로 당해 연도의 표준건축비를 참고하면 된다).

총건축비 : 5,940,000원 × 600평 = 3,564,000,000원

토지 가격과 건축비를 합하고, 건축업자의 적정한 이익을 합한다면 부동산 가격이 산정될 것이다. 신축 부동산의 가격을 산정한 것이므로 연식이 있는 부동산이라면 노후 정도에 대한 감가와 토지 상승분을 꼭 반영해줘야 한다. 또한, 표준 건축비는 매년 오르고 있으므로 신축 부동산에 대한 가격이 높은 것은 당연하다.

그 외에도 월세에 지수(배수)를 곱하는 방법 등 여러 가지 방법이 있다. 이러한 방법들을 종합적으로 고려해 매매가격을 산정한다면, 좀 더 적정한 가격에 가까워질 것이다. 투자하고자 하는 부동산의 적정한 가격을 알 수 있다면, 성공적인 매수를 위한 첫발을 디딘 것이다.

# 수익형 부동산,
# 신도시가 좋을까? 구도심이 좋을까?

나는 이사 다니며 전국에서 살아봤다. 기억에 남는 것은, 지역마다 비슷한 형태의 도시를 갖추고 살고 있다는 것이다. 신기하지 않은가? 모두 다 "이렇게 하자!"라고 짠 것도 아닌데 규칙처럼 정해져 있다.

보통 한 지역에 신도시와 구도시가 혼재한다. 구도심에는 시장이 꼭 있다는 특징도 있다. 구도심이라면 몇 년이라고 특정할 수는 없지만, 20～30년 전, 아니 그 이전일 수도 있겠다. 예전에 정말 인기 있었던 브랜드라든가, 오래된 느낌이 나는 시계탑 같은 상징물도 꽤 보일 것이다. 그리고 저렴하게 파는 액세서리 가게, 보세 가게, 휴대전화 가게, 식당, 저가의 화장품 가게 이런 것들이 옹기종기 모여 있다. 물건가격도 비싼 것들은 아니라서 중고등학생이나 사회 초년생이 많이 이용하는 상권이다. 그리고 이런 구도심의 골목 후미진 곳에 가면 다방이라든지, 전당포, 예전에 운영했던 실비집 같은 것도 보인다.

신도시와 구도시 사이에는 하천을 끼고 산책로가 있고, 주차장도 있다. 옛날에는 정말 잘 나가던 곳인데, 건물이 오래되고 젊은 사람들이 많이 빠지면서 낙후된 곳이기도 하다. 이런 곳은 주차 공간이 별로 없는 단점이 있다. 예전에는 한 가구에 차 한 대도 없던 시절이 있었다. 부자들만 차를 소유하던 시절이었기에 주차 공간이 거의 없다. 요즘은 한 집에 자동차 한 대는 꼭 있지 않은가. 보통 공영 주차장을 이용해야 하는데, 차량을 이용하는 사람이라면 불편하기 그지없다. 스타필드 같은 대형 쇼핑몰이 생기면서, 주차도 편하고 한 건물에 식당, 옷, 신발, 액세서리 등 가게가 다양하게 있으니 젊은 사람들이 대형 쇼핑몰에 몰리는 것은 당연하다. 그런 동네 인근에는 꼭 신도시가 생기곤 한다. 고층의 아파트라든지 백화점, 마트, 복합 쇼핑몰 같은 형태의 건물들이 들어가게 된다.

그렇게 신도시로 많은 인구를 뺏기게 되고, 신도시에는 나름대로 또 상가들이 들어가게 된다. 구도심은 구도심대로 이용하는 사람이 생기고, 신도시는 신도시대로 이용하는 사람이 생기게 된다. 신도시와 구도시의 큰 틀에서 본다면, 구도시의 인구가 점점 줄어들게 되면 신도시로 이동하는 경우가 많다. 이런 경우에 구도심과 신도시의 사이나 인근으로 신규 IC(Interchange)라든지, 지하철역이나 광역버스 같은 것을 넣는 경우가 많다.

가장 주의해야 하는 투자처는 구도심 중에서도 인구 밀집도가 적은 지역이다. 구도심 상권이 활발한 지역은 대부분 인구 밀집도가 높은 지역일 것이다. 이러한 인구 소멸 지역의 구도심에는 사람 자체가 별로 없고, 차도 거의 없다. 일부러 올 만큼의 뭔가가 있지도 않다. 주차 공간도 없기에 굳이 올 이유가 없는 경우들도 있으므로, 이곳에서 무언가를 한다면 신이 온다고 해도 성공하기 어렵다. 내가 건물을 사서 월세를 받으려면 우선 임차인의 장사가 잘되어야 하는데, 이런 곳은 임차인이 잘못해서 장사가 안 되는 것이 아니라 상권이 죽어도 너무 죽었기 때문에 장사의 신이 들어가도 안 되는 자리다. 그래서 이렇게 죽은 상가들이 경매로 나오는 경우가 많다.

구도심 중에서도 인구 밀집도가 큰 지역이 있다. 주변에 공단이 있는 경우, 산업단지가 밀집되어 있거나 중소기업 형태의 공장이 많다면 외국인 노동자들이 유입될 것이다. 그렇다면 외국인 노동자들은 구도심권의 물건이 아무래도 저렴한 까닭에 이곳을 자주 이용하게 되고, 이런 사람 중 한두 명씩 베트남 음식점이라든지, 해외 휴대전화 판매 가게라든지, 보세옷 가게 같은 곳을 차리게 되면서 외국인 거리처럼 변모하게 되는 예도 있다.

상가도 종류가 많아 헷갈리는 경우가 있다. 상가는 종류에 따라, 입지에 따라 금액별로 천차만별이기 때문이다. 상가 투자를 잘못해 경매에 넘어가는 일은 수두룩하다. 법원 경매를 보면 상가가 얼마나 많이 나와 있는지 모른다. 요즘 상가 낙찰을 받아 거기에서 직접 장사하거나 테마를 만들어서 스터디 카페라든지, 고시원을 하는 경우도 있지만, 일반인의 영역은 아니니 임대로 먼저 해본 후, 뛰어들길 바란다. 물론 내 건물의 공실에서 사업을 한다면, 입지가 좋은 상황이면 적극적으로 추천한다. 상가 투자는 대표적인 수익형 부동산으로, 흔히 건물주라고 통하는 사람들이 상가에서 월 임대료를 받는 사람들이다. 보통 양도차익보다는 임대수익을 목적으로 하는 경우가 많다. 하지만, 상가는 종류가 다양하고, 위치에 따른 특성이 있기에 이를 파악하고 투자해야 실패하지 않는다. 핵심 포인트는 '상권'과 '동선'이라고 보면 될 것이다. 죽은 상권은 눈 감고 지나가는 것이 좋다. 상가라고 다 같은 상가가 아니다. 특징을 다 알고 투자에 임한다면 실패하지 않을 것이다.

# 알고 투자하는
## 상가 유형 6가지

    부동산 시장이 불황인 가운데, 가치가 없는 상가에 투자할 경우 낭패를 볼 수 있다.

    서울 근교의 도심들의 신축상가 공실률만 봐도 알 수 있을 것이다. 아파트를 보는 시각과는 다르게 상가 시장을 보아야 한다. 특히 신축 상가를 유의해서 보아야 하는데 판교, 위례, 하남, 광교, 과천 등 매우 좋은 입지의 상가들이지만 지금은 공실 천지로 임대인은 많고 임차인은 적은 상황이 되었다. 이 외에도 김포, 인천, 평택, 수원과 더불어 지방까지 본다면 신축상가의 공실은 위험해 보이기까지 한다. 어떤 분은 상가 투자로 50년간 노동소득으로 일해서 모은 돈을 상가 한 채로 그간 벌어둔 돈을 다 날렸다고 한다. 특히 노후에 부동산에 대한 이해와 안목 없이 부동산을 투자했다가는 상가임대료는커녕 매월 내는 이자와 관리비로 고통 속에 살 수 있다. 상가는 조금만 위치가 달라져도 가격 차이가 크고 결국 입지와 상품성 등을 가려내는 안목이 필요하다. 여기서는 돈 되는 상가 유형 6가지를 소개하고, 각각의 투자 포인트도 아울러 설명하도록 하겠다.

## 건물주의 첫걸음이 될 상가주택

상가주택이란 보통 1 ~ 2층은 상가가 들어와 있고, 4층에서 주인이 살거나 임대하는 상품을 말한다. 소유주는 주거와 임대수익을 함께 가지고 갈 수 있으므로 노후 대비책으로 인기가 좋은 편이다. 입지에 따라서는 상권 형성이 어려울 수 있다. 주요 업종은 슈퍼, 분식점, 작은 교습소와 학원, 편의점, 피부관리숍, 네일아트숍 등이 들어가는 편이다. 우리 생활에 필요한 것들이 들어간다고 보면 되나, 보통의 주거 부동산에 비해서 상가가 있기 때문에 임차인의 쾌적함이 떨어져 임차인을 구하기 힘들 수도 있다는 단점이 있다. 하지만 도보의 접근성이 좋기 때문에 안정적인 매출을 기대할 수 있다.

[자료 3-1] 상가주택 | 출처 : 픽사베이

상가주택을 선택할 때는 상가 면적과 주택 면적을 잘 살펴보고 사야 나중에 양도세 세금 폭탄을 피할 수 있는데, 이러한 물건을 살 때는 세무사와 상담 후, 본인의 상황과 사려는 시점의 '세법'을 적용해 유리한 방법으로 구입하는 것이 현명하다. 부동산 투자를 많이 하다 보면 나무에서 떨어질 때도 있다. 내 시야를 가리면 다른 사람의 이야기가 귀에 들어오지 않으면서 잠들기까지도 그 물건이 생각날 때도 있다. 상권에서도 흐르는 상권이 있고, 머무르는 상권이 있다. 그것을 알기 위해서는 그곳을 면밀히 파악해야 한다. 그렇지 않으면 실패하기 쉽다. 내 건물에서 상가도 운영하고 거주도 하길 원하지만, 상업용 공간과 주거용 공간을 모두 만족할 만한 곳은 찾기가 어렵다는 점을 알고 접근해야 한다.

상가주택을 구입할 때는 6 ~ 12m 폭에 접해 있는 경사지지 않는 평지의 코너 자리가 좋다. 당연히 이런 자리는 금액이 주변 시세 대비 비싸고, 잘 나오지도 않는다. 이러한 상가주택은 향후 주택을 상가로 용도변경을 해서 건물 전체를 상가로 만들 수 있다. 상가주택이 모두 근린 상가로 만들어지면 부동산 가치도 높아지며, 월세 수익도 더 받을 수 있게 된다. 또한, 매매 시에도 유리해지며, 환금성도 좋아진다.

하지만 상가주택 매수는 목돈이 들어가는 편이다. 방공제를 빼고 나면 받을 수 있는 대출이 한계가 있다. 따라서 주로 노후 대비용으로 구입하는 상품이다. 시장 조사 후, 임대가 잘 나갈 지역인지 확인 후 매입한다면, 매우 안정적인 상품이라고 할 것이다. 시간이 지나면 땅값이 올라가게 되므로, 땅값이 오를 만한 지역을 잘 선정하는 것도 중요하다. 땅값이 올라가는 것이 더딘 지역이라면 부동산 가격이 그대로일 가능성도 커진다. 땅값이 올라가는 것이 더딘 지역이라는 것은 수요가 많지 않다는 뜻이고, 인구 유입이 많지 않은 곳임에도 불구하고, 주변에 신도시가 들어서서 그쪽으로 인구가 흡수되어 이곳에서 사람들이 거주를 생각하지 않는다면 땅값 상승이 더딜 수밖에 없어진다.

## 탄탄한 고정 수요가 있는 아파트 단지 내 상가

아파트 단지 내 상가는 근린 상가와 비슷한 형태로, 단지 내 입주민들의 편의를 위해서 공급되는 상가다. 주민들을 상대로 안정적인 수익률을 기대할 수 있는 것이 가장 큰 장점이다. 보통 체육관, 학원, 미용실, 호프집, 슈퍼마켓, 부동산, 세탁소, 편의점 등 실생활과 직접 관련이 있는 업종으로 구성되어 있다. 단지 내 상가 공급 수와 세대 수를 비교해본다면 과한 경쟁을 피할 수 있으며, 안정적인 수익을 기대할 수 있는 것이 큰 장점이다. 또한, 아파트 내 주차 공간을 확보할 수 있는 것도 이점이다.

주변 근린 상가가 많이 발달한 경우, 이용하는 사람이 적을 수 있기에 아파트 주변 상가를 파악하는 것도 좋다. 단지 내 상가는 세대가 많은 아파트가 유리하며, 출입구가 많이 없는 아파트가 상가 영업에서는 좋다. 되도록 주 출입구 쪽 상가를 선택하는 것이 포인트다. 단지의 안쪽이나 뒤쪽보다는 앞쪽으로 나올수록 수익률이 높기에 선택 시, 주 출입구와 세대 수 대비 상가 공급 수를 잘 살펴봐야 한다. 또한, 대형 면적으로 지어진 곳보다는 중소형 면적이 많은 곳을 고르는 것이 유

[자료 3-2] 단지 내 상가 | 출처 : 저자 작성

리하다. 1층만 고려할 것이 아니라 2, 3층도 괜찮은 편이다. 1층에는 보통 세탁소나 부동산 중개사무소, 반찬 가게, 커피숍 등이 들어온다. 2층에는 피자, 통닭집, 밀키트 가게, 헤어나 네일아트숍, 학원 등 배달 및 예약제로 움직이는 업종들이 많이 들어오는 편이다.

구축 아파트 단지 내 상가는 다른 상가에 비해 매매가격이 낮다. 보통 가격이 크게 오르지 않는 상가 유형이다. 하지만 안정적으로 수입이 발생할 수 있다. 인구 밀집 지역의 경우 상가가 지하에도 발달해 있는 경우가 많은데, 세대 수가 별로 없는 곳의 단지 내 상가가 지하까지 있다면 보통 지하 상권은 죽는 경우가 많다. 신축 아파트 단지 내 상가는 비싼 값에 분양하는 편이다. 신축의 아파트 단지 내 상가는 인접한 곳의 상가 공실률과 유동 수요와 세대 수 대비 상가 분양 개수를 면밀하게 파악하는 것이 좋다.

아파트 단지 내 상가는 시간이 지나도 매매가격이 급등하지 않는다. 비싼 값에 사지 않는다면 안정적으로 임대수익을 받을 수 있다. 하지만 임대수익은 많이 올려서 받기가 어렵다. 꼭 단지 내, 주변의 상가 개수를 확인한 후, 투자해야 하는 종목이다. 주변에 아파트형 상가가 수십 개가 있는 곳도 있다. 지하부터 지상 4층까지 100개 이상의 상가가 들어가 있는 곳도 있으니 시장 조사를 반드시 해야 한다. 오래된 아파트 상가는 소액으로 매수가 가능하고, 신축 아파트 상가는 매매가격이 높다. 각자의 자본 사정과 금리에 따라 구매 여부를 결정하는 것이 좋다.

## 도심의 상업을 담당하는 중심 상업지 상가

중심 상업지 상가란 시내 중심에 있는 상가로, 업종 제한이 없어 다양한 상점이 있다는 장점이 있다. 덕분에 유동 인구가 많고, 상권이 발달하는 장점도 있다. 우리가 흔히 약속을 정할 때 이야기하면 다 아는 곳, 모임을 많이 하는 곳, 술집이 번화하고 새벽에도 영업하는 곳이 많은 그런 곳이 바로 중심 상업지 상가다. 이미 상권 형성이 완성된 경우, 초기 투자 대비 많은 시세차익을 기대할 수 있다. 번화가이자 많은 분이 찾는 곳이라면 안정적이며 높은 수익이 예상되는데, 일반적으로 근린 상가나 단지 내 상가보다 자금이 많이 들어가는 편이다. 이미 어느 정도 형성이 된 만큼 상가 가격이 높기 때문에 초기 비용이 많이 들어가고, 자칫 잘못하게 된다면 공실 기간이 길어질 수 있기 때문에 초보 상가 투자자들이 쉽게 들어갈 수 있는 종목은 아니다.

중심 상업지 상가 투자는 목돈이 들어가기 때문에 상권 분석을 잘하는 사람이 들어가야 실패가 없다. 또한, 중심 상권도 시기와 상황에 따라 상권이 이동할 가능성이 있으므로 거시적으로 시장을 볼 필요가 있다.

## 편리한 교통과 편의시설을 누리는 주상복합과 오피스텔 상가

보통 지상 1 ~ 3층까지는 상가가 들어와 있고, 그 위층부터는 아파트나 오피스텔이 들어와 있는 건물을 말한다. 이러한 상가 대부분은 교통이 좋은 지하철 근처나 주변에 편의시설이 많이 모여 있는 곳에 지어져 있는 경우가 많다. 그래서 혹해서 분양받는 경우도 적지 않다. 하지만 임대를 맞춰 둔 물건은 더욱 신중해야 한다. 가짜 임차인을 내세워서 진짜 같은 계약을 3년이고, 5년이고, 10년이고 해둔다. 하지만 그 돈이 분양 금액에 포함된 금액일 수도 있다. 내가 비싼 값에 분양받아서 내가 낸 돈을 다시 돌려받는 꼴이 되는 것이다.

[자료 3-3] 주상복합 상가 | 출처 : 대전의 모델하우스

서울 수도권에서는 지하철역에 근접해 짓는 곳이 많고, 지방도 버스를 이용하면 백화점, 터미널 등 요지까지 거리가 가깝고, 입지가 좋은 곳에 짓게 된다. 특히 1인 가구가 많은 오피스텔의 경우 다소 비싸더라도 건물 내에 있는 상가를 이용하는 경향이 많은데, 편의점이라든지 밀키트 가게, 세탁소, 카페 같은 곳이 잘되는 편이다. 굳이 차를 타고 가서 해결할 정도는 아닌 것들은 건물 내 상가를 이용하게 된다. 주차도 건물 내에 있는 주차장을 이용하기에 주차를 편리하게 할 수 있어 멀리서도 올 수 있지만, 멀리서 올 만큼의 업종이 아닌 경우에는 건물 내에서 수요를 해결해야 하므로 제한이 많다.

이러한 주상복합과 오피스텔 상가는 장점이 단점으로 작용하기도 하기에 유의해야 한다. 교통이 편리하고 입지가 좋은 곳에 지어지는 오피스텔 및 주상복합이다 보니 주변 대형 백화점과 쇼핑몰까지 편하게 갈 수 있어 건물 내 상가 이용객이 분산될 수 있다. 보통 이러한 상가들은 비싸게 분양된다. 오피스텔 상가보다 저렴한 오피스텔 같은 경우 사무실이나 스튜디오, 속눈썹숍, 네일아트숍 등으로 활용을 할 수 있기에 오피스텔 상가는 경쟁력에서 매우 불리할 수밖에 없다. 독점하면 잘 되겠지만, 상가가 위층의 오피스텔에서도 암암리에 사업자를 내고 영업하고 있어 업종 중복이 되기 때문이다. 또한, 전용면적도 다른 상가에 비해 적기에 더 넓은 곳을 찾아야 하므로 월세 및 관리비에 대한 부담이 커질 가능성도 매우 크다. 주상복합과 오피스텔 상가 투자는 세입자가 들어오면 어떤 상황이 생길지 예측하는 것도 중요하다.

주상복합과 오피스텔 상가에 투자할 때는 상가의 위치만 봐서는 실패할 가능성이 크다. 상업지역에 지어서 입지상으로 볼 때는 뛰어나지만, 입점해 있는 상가의 개수와 분양가격, 그리고 공실 여부도 반드시 따져봐야 한다. 월세수익이 목적이기 때문에 큰 폭의 오름은 없다고 봐도 무방하다. 급하지 않아도 되니 분양보다는 입주 후 분위기를 봐서 매수 타이밍을 잡는 것도 좋다.

## 쇼핑 동선 따라 배치하는 스트리트형 상가

스트리트형 상가는 다양한 상가를 주제별, 테마별로 입점시켜 집객력을 높이는 방식으로 주로 유러피안 스타일, 수변 상가와 같은 자연을 모티브로 한 경우가 많다. 스트리트형 상가는 대로변을 따라 점포가 배치되는 형태를 말하며 고급화된 단지 내 상가라고 보면 된다. 단지 내 상가와 쇼핑몰 형태를 합쳐 놓은 형태로, 간혹 아울렛 느낌이 나는 형태도 많다. 보통 신도시 상가가 이 스트리트형 상가로 채워지고 있는데, 여러 종류로 개발이 되고 있다. 외관이 화려한 경우가 많으며, 분양가격이 비싼 편이다. 보통 쇼핑이나 맛집들로 소문나는 경우가 많

[자료 3-4] 스트리트형 상가 | 출처 : 뉴스컬처

고, 젊은 세대가 많이 찾는다. 큰 형태로 보면 주거와 몰(Mall)을 연계해서 다리를 만들어 쇼핑할 수 있게 한다든지, 터미널과 백화점 부대시설을 연계해서 쇼핑할 수 있게 하는 형태다. 각 신도시에 이러한 스트리트 상가가 분양되고 있으며 보통은 수요보다 공급이 더 많은 경우가 많아 분양 후 공실이 많은 편이다. 인구가 어디로 흐르는지에 따라 성공과 실패가 갈린다. 분양가격이 높은 만큼 관리비 또한 높아서 공실이 생긴다면 관리비는 스스로 부담해야 한다. 그래서 상가로 수익을 얻으려고 했다가 관리비만 내고 경매되는 경우도 많다. 이러한 상가가 경매로 나오면, 관리비가 1,000만 원 이상 밀려 있는 곳도 꽤 된다. 따라서 분양가격이 높은 스트리트형 상가의 투자는 신중해야 한다. 또한, 몰 자체의 영업시간이 있어서 유동적이지 못한 점도 고려하자. 임차인을 맞춰 두었다고 하는 물건은 일단 의심하고 접근하기를 바란다.

## 신중한 접근이 필요한 대형 쇼핑몰

쇼핑몰 내의 상가 투자는 우선 조심하라고 말하고 싶다. 지하 주차장이 있는 대형 쇼핑몰은 분양한 사람만 남는 장사라는 것을 알아야 한다. 특히, 영화관이 있는 상가들은 처음에는 핫할지 몰라도 점점 새로 생긴 다른 쇼핑몰로 수요가 이동하게 되어 있다. 그러다 보면 하나둘씩 문을 닫게 되고, 나중에는 층층이 불이 꺼지기 시작한다. 관리비가 밀려 있는 상가와 경매 나온 상가들이 생기면서 관리가 안 되기 때문에 그렇게 불이 하나둘 층층이 꺼지면서 에스컬레이터조차 작동을 안 하는 경우가 생긴다. 처음 오는 고객들은 당황하며, 다시는 이 쇼핑몰을 찾지 않게 된다. 이렇게 하나둘씩 망해 가며 지역에서는 이 쇼핑몰은 망했다며 안 가게 되고, 경매에 나온 물건을 낙찰받는 사람은 실수요자이거나 외지 사람이 된다. 지역 사회에서는 이미 이 쇼핑몰에 대한 평이 나 있으므로 사람들은 여기서 물건을 절대 구입하지 않는다. 이 모든 것은 필자가 경험하고 보고 느낀 것들을 서술한 것이니 믿을 수 없다면, 당장 경매 매물로 나온 물건들을 임장해보고, 직접 가서 느껴보길 바란다.

[자료 3-5] 쇼핑몰 내 상가 | 출처 : 저자 작성

물론 장사에 소질이 있어 들어가서 할 만한 사람은 해도 괜찮다. 하지만 부동산 가치는 떨어지기 때문에 부동산을 매각할 때 받아 줄 사람이 별로 없다. 차라리 그 돈이면 내 건물을 사는 것이 낫다. 쇼핑몰은 지금도 분양하고 있고, 앞으로도 분양할 것이다. 병원, 약국이 맞춰져 있다고 하는 물건도 짜고 치는 고스톱일 수 있으니 덜컥 믿으면 안 된다. 이런 상가는 대출이 많이 나오기 때문에 초기 자본이 많이 들지 않아서 부동산 초보가 많이 걸려든다. 하지만 원금을 회수하고 나오기 쉽지 않다는 것을 알아야 한다.

# 상가 투자,
## 할까? 말까?

상가 투자는 부동산 초보자가 접근하기에는 다소 부담스러운 측면이 있다. 하지만 매달 수익이 발생하는 점에서는 너무나 매력적인 투자 아이템이기도 하다. 안정적인 수익과 장기적인 부동산 자산 가치 상승을 함께 기대할 수 있기 때문이다. 게다가 본인이 직접 장사하면, 초기 투자금이 적게 들면서 현금 흐름도 확보되니 일석이조다. 돈 되는 상가와 돈이 안 되는 상가를 구분하고, 상가 투자의 기본을 다진 뒤 투자한다면, 상가 투자의 길도 그리 험난하지는 않을 것이다.

상가 투자의 장점은 우선 주거 계약과는 다르게 계약 기간이 굉장히 길다. 보통은 임차인이 인테리어와 시설을 하고 들어오며, 한번 시설을 한 상가는 망하기 직전 상태가 아니라면 장기적인 계약으로 연결된다. 큰 문제가 생긴 것이 아니라면, 임차인은 직접 고쳐 가며 사용한다. 그래서 임차인을 찾기 위해 여기저기 알아볼 필요가 없고, 공실의 가능성이 낮은 편이다.

입지가 좋은 상가를 선점하게 되면, 높은 권리금이 형성된다. 권리금이란 영업 시설, 비품, 거래처 신용, 영업상의 노하우, 점포 위치에 따른 영업상의 이점 등 재산적 가치의 양도 또는 일정 기간을 이용한 대가다. 이런 높은 권리금은 건물의 가치 상승에도 도움을 준다. 장사가 잘되면, 사람들이 모이고, 그 가게가 유명해지면서 그 동네 분위기가 살아나게 된다. 이는 유기적으로 연결이 되는데, 분위기가 살면서 이 동네에 장사하러 들어오고 싶어 하는 임차인이 늘어나고, 희소성으로 가격이 상승하게 된다. 또한, 상가는 상가의 토지 부분 공시지가가 80억 원을 넘지 않으면, 종합부동산세가 없어서 부담이 없다.

상가 투자의 단점은 대출을 주로 활용하다 보니 금리 변동에 따라 수익률에 영향을 미치게 된다. 또한, 대출금 상환부터 시작해 월세수익을 얻기 전까지는 시간이 꽤 소요되어 대출상환 부담이 존재한다. 임차인을 구하는 것도 어려울 수 있다. 때에 따라 적절한 임차인이 구해지지 않으면, 유지보수 비용이나 공실 비용이 발생할 수 있다. 따라서 상가 투자를 하기 전에 충분한 조사와 분석을 하고, 지역 상황, 건물 상태, 세부 계약 조건 등을 모두 고려해 신중한 결정을 내려야 한다.

# 똑똑한 상가 투자 포인트
## 10가지

매매차익과 고정임대수익을 함께 누릴 수 있는 상가 투자는 어렵다면 어렵고, 알면 쉬울 수도 있는 투자 수단이다. 다만, 아파트와 달리 투자 위험 요소가 많고, 경기 변동과 상권 변화에 민감하게 반응하기 때문에 조심해서 접근해야 한다. 상가 투자 시 가장 중요한 핵심은 입지와 상권분석이다. 입지분석은 개별 상가의 성공과 실패 여부를 결정할 정도로 큰 영향을 준다. 또한, 더 큰 투자 이득을 기대하려면 다른 요소들도 살펴봐야 한다.

전업 투자자들이나 자영업자, 예비 은퇴자, 주부, 월급쟁이, 직장인을 막론하고 상가 투자는 제2의 월급 또는 수익을 안정적으로 낼 수 있다는 점에서 관심을 두어야 한다. 상가는 본인이 직접 사용할 매장이 아니라면, 토지만큼 투자가 어렵고 예측하기 쉽지 않다. 하지만 다음의 투자 포인트를 고려한다면, 상가 투자도 그리 어렵지 않을 것이다.

① 목, 즉 입지가 좋아야 한다. 배후지의 세대 수 등을 파악하자.

② 전면이 좁고 안쪽이 긴 상가는 활용도가 떨어진다. 전면이 넓은 상가를 선택해야 한다.

③ 임차인이 자주 바뀌는 상가, 중복된 품목이 많은 자리, 2 ~ 3개월 만에 내놓는 자리는 피해야 한다.

④ 지하철역 근처나 대로변 상가를 선택해야 한다.

⑤ 업종에 따라 대로변이 아니어도 번창할 수 있는 곳이라면 좋다.

⑥ 주변에 노점이 많은 곳은 그야말로 목이 좋은 곳이다.

⑦ 유명 의류점이나 은행 등이 있는 곳이 좋다. 본사에서 상권 분석을 한 후, 내어주는 자리이기 때문이다.

⑧ 도심지 근린 상가는 업무와 주거시설이 섞인 곳이 좋다.

⑨ 4차선 이상 되는 차도 중 길 하나 차이지만, 맞은편 상가와 상권 차이가 나는 경우가 좋다.

⑩ 주변 지역의 유동 인구와 주민 세대 수를 파악해야 한다.

이렇게 투자 포인트를 고려해 발품을 팔아 역세권과 가까운 곳, 지방의 경우 고용 창출 효과가 있는 곳을 선택한다. 지역 분석을 통해 수익형 부동산의 공급량을 파악한다. 수익률은 사인 간의 약속이기에 믿어서는 안 된다. 상가의 경우 1층 점포는 우량 임차인 입점에 초점을 맞춘다. 좋은 위치, 적당한 수익률, 공실 걱정이 없는 자리가 투자하기 가장 좋은 자리다.

# PART 4

## 제대로 알면 돈 되는
## 재개발과 재건축 투자

# 재개발
## vs 재건축

노후, 불량 주택을 개선하는 재개발과 재건축 사업은 '도시 및 주거 환경정비법'에 의해 진행되는 사업이다. 주거환경이 불량한 노후화된 지역을 계획적으로 정비 및 개량하는 데 있어서 필요한 사항을 규정함으로써 노후 불량 건축물을 효율적으로 개량하는 사업이다.

| 재개발 | 재건축 |
| --- | --- |
| 기반시설이 열악하고 노후화한 건축물이 밀집한 지역에 대한 주거환경 개선 사업 | 기반시설은 양호하나 노후화한 건축물에 대한 주거환경 개선 사업 |
| 건축물의 집합 또는 도시기본계획에서 정하는 일부 구역 전체를 개선하는 사업이다. | 특정 건축물을 새로 짓는 행위로, 기본계획 수립 이후에 안전진단을 반드시 거쳐야 한다. |

[자료 4-1] 재개발과 재건축의 차이점 | 출처 : 저자 작성

재개발 사업은 분양 자격이 토지 및 건축물만으로 가능하기에 소액 투자가 가능하다. 그러나 상업지역은 사업에 부정적인 조합원이 많기에 사업 진행이 잘 안 되는 편이다. 상업지역의 경우 현 시세 대비 낮

게 평가되고, 권리금이 인정되지 않다 보니 사업 기간이 이주부터 준공까지 4년 정도 소요되는데, 이 기간에는 영업할 수 없어서 임대료를 받을 수 없으므로 사업에 반대하는 경우가 많다. 하지만 사업 진행이 원활히 된다면 고층으로 공동주택을 올릴 수 있기 때문에 사업성이 좋아 향후 시세차익을 노려볼 만한 투자처가 되기도 한다. 기반시설과 기존 주택을 함께 정비하는 사업으로 주로 단독주택이 해당한다.

재건축 사업은 분양 자격이 건축물 및 그 부속 토지의 소유자로 되어 있어 공동주택과 단독주택의 경우 대지 지분이 있어야만 한다. 우선 재건축구역은 주거지로 선호하는 지역이기에 진입을 위해서는 초

[자료 4-2] 재개발·재건축 사업 소요기간 | 출처 : 서울시 정비사업 통계

기투입자금, 사업성, 대지 지분 등의 분석이 필요하다. 2017년 12월 13일까지 관리처분계획 인가를 신청하지 못했다면 초과이익환수제 대상이므로, 이 금액까지 산정해 매매가격을 추정할 수 있을 것이다. 기반시설은 그대로 사용하고, 주택을 정비하는 사업으로 주로 아파트가 해당한다.

# 재개발·재건축
## 용어 알아두기

재개발·재건축에서는 일반인이 쉽게 접하기 어려운 용어가 등장한다. 재개발·재건축 용어는 늘 나오는 것이니 숙지하는 것이 좋다. 재개발·재건축 투자에 관심이 생겨서 지역의 부동산 중개사무소를 다니더라도 기본 용어는 알아야 질문도 할 수 있고, 대화가 쉬워지기 때문이다.

① 감정평가액 : 절차에 따라 감정평가사에 의해 평가된 종전 자산의 평가 금액이다.

② 권리가액 : 조합원들이 주장할 수 있는 권리의 가치다.

　　권리가액 = 감정평가액 × 비례율

③ 분담금 : 조합원들이 조합원 분양을 받기 위해 추가로 분담해야 할 금액이다.

　　분담금 = 조합원 분양가 - 권리가액

④ 조합원 분양가 : 조합원들에게 분양하는 아파트의 분양가격이다.

통상 일반 분양가격보다 10 ~ 20% 저렴하다.

⑤ 일반 분양가 : 조합원에게 분양하고 남은 아파트를 일반인에게 분양하는 가격이다.

⑥ 종전 자산 평가액 : 조합원들이 종전에 보유하고 있던 자산들, 즉 현재 소유한 토지 및 건축물들의 감정평가액을 모두 합한 금액이다.

⑦ 종후 자산 평가액 : 사업이 완료된 후 이 사업장이 가지게 된 전체 자산의 총액이다.

종후 자산 평가액 = 조합원 분양 수입 + 일반 분양 수입

⑧ 비례율 : 재개발, 재건축을 나타내는 지표라고 보면 좋다. 100보다 높을수록 사업성이 좋다.

비례율 = (종후 자산 평가액 - 총사업비)/종전 자산 평가액×100

⑨ 총사업비 : 사업을 진행하는 데 들어가는 비용의 총액이다. 공사비와 기타 사업비의 합이다.

총사업비 = 공사비(시공비) + 기타 사업비

⑩ 투자 수익 : 투자 수익 = (매도가 - 조합원 분양가) - 프리미엄

⑪ 사업시행계획 인가 : 조합이 추진하고 있는 정비사업의 일체를 시장, 군수, 구청장이 최종적으로 확정하고 인가하는 행정적인 절차다. 사업시행 인가가 이루어지면 본격적인 사업이 시작된다.

⑫ 관리처분계획 : 사업이 진행되고 분양과 이주 및 철거를 앞둔 시점에서 구체적인 철거 및 건설 계획과 분양 계획을 최종적으로 수립하는 단계로, 일반분양가를 제외한 대부분 비용이 확정된 상태이므로 수익성을 자세히 추산할 수 있다.

⑬ 매도청구 : 재건축구역 부동산 소유자가 조합원이 되기를 원치

않는 경우, 조합이 그 소유자에게 부동산을 매도해줄 것을 청구할 수 있으며, 이때 보상가격은 시가 기준(개발이익이 포함된 가격)으로 측정된다.

⑭ 현금청산 : 재개발이나 재건축구역 내에 부동산을 소유하고 있지만, 조합원 자격을 충족하지 못하거나 조합원이 되기를 원하지 않을 경우, 조합원 자격을 포기할 수 있다. 그럴 경우는 감정평가액 기준으로 보상해준다.

⑮ 사업시행자 : 정비사업을 시행하는 자를 뜻한다.

⑯ 공동이용시설 : 주민이 공동으로 이용하는 놀이터나 마을회관, 공동작업장 등을 말한다.

⑰ 정비기반시설 : 도로, 상하수도, 구거, 공동구, 공원, 공용 주차장 등 그 밖에 주민의 생활에 필요한 가스나 열 등의 공급시설을 말하며, 대통령령으로 정하는 시설이다.

⑱ 호수밀도 : 정비구역 면적 1헥타르당 건축된 건물의 동수를 말한다.

⑲ 주택접도율 : 구역 내 폭 4m 이상의 도로에 접한 건축물의 총수를 구역 내 건축물 총수로 나눈 백분율을 말한다.

⑳ 효용지수 : 분양 예정인 건축물을 층별, 용도별로 파악해 감정평가 시에 고려하는 효용비율로 이를 지수로 나타낸 것이다.

㉑ 관리처분계획기준일 : '도시 및 주거환경정비법'에 따른 분양신청 기간이 만료되는 날짜를 뜻한다.

㉒ 환지방식사업 : 정비계획에서 '도시개발법'의 환지에 관한 규정을 준용해 시행하는 사업이다.

㉓ 기존 무허가건축물 : 서울 기준으로 1989년 1월 24일 당시의 무

허가건축물을 뜻하며, 그 외 무허가건축물은 신발생무허가건축물이라고 한다.

# 재개발·재건축
## 조건

투자자는 어떤 투자 종목을 정할지, 몇 번의 투자 경험으로는 감이 잡히지 않는다. 특히 재개발 지역 투자는 난이도가 높은 편이다. 같은 돈으로 최소한의 시간을 들여서 승부를 봐야 하는데, 재개발과 재건축이 과연 우리의 시간을 줄여 주면서 최소한의 돈으로 할 수 있는 투자일까?

재개발 투자는 투자하기 전에 감정평가액이 얼마나 나올지, 분담금은 대략 얼마나 될지 가늠해보지 않으면 오히려 손해 보는 경우가 종종 있다. 사업 초기에는 감정평가액과 분담금을 추산할 수 없으나 방법이 전혀 없지는 않다. 재개발과 재건축은 차이가 있지만, 큰 틀에서 보면 공통점이 있다.

재개발은 주변에 빈 토지가 없어야 한다. 또한, 주거지로 선호하는 지역이어야 한다. 인구 밀집도가 높은 곳, 더불어 주변에 인프라가 매우 잘 형성되어 있어 사람들이 원하는 곳에 사업을 한다고 보면 된다. 어떤 건설사가 사람도 없고, 인프라도 없는 곳에 굳이 동의서를 들고 다니면서 협의해서 이 사업을 진행하겠는가. 주변에 빈 땅이 있으면 그것을 사서 바로 건축을 하는 것이 건설사로서도 편할 것이다. 보통 이런 사업은 서울, 수도권에서 이루어지며, 특히 수도권보다 서울에 가장 많다. 빈 땅이 없으면서 인구 밀집도가 대한민국에서 가장 높기 때문이다.

재건축은 정비 기반시설이 양호한 편이다. 정비 기반시설은 주차장, 문화 체육시설, 학교, 공동구, 광장이나 공원 같은 녹지, 교통 인프라 등이 될 수 있겠다. 재건축 사업은 아파트만을 대상으로 하는 사업은 아니다. 단독주택 재건축 사업도 있고, 상가 재건축 사업도 있다.

먼저 재개발 조건부터 알아보겠다. 재개발 투자는 낙후된 동네에 있는 곳을 재개발구역으로 지정해 모두 철거한 후 아파트로 입주권을 받는 형태의 투자 형태다. 지정되는 요건은 전체 면적이 1만m²(1ha) 이상 되어야 하며, 서울시 도시계획위원회가 심의해 인정하는 경우에는 5,000m² 이상인 경우에도 가능하다.

| 구분 | | 정비구역 지정기준(도시 및 주거환경정비법) 서울시 기준 | |
|---|---|---|---|
| 필수 항목 | 구역면적 | 사업면적 10,000㎡ 이상 | 필수항목 + 선택항목 1개 이상 |
| | 노후도 | 동수의 2/3 이상 | |
| 선택 항목 | 호수밀도 | 60호/ha 이상 | |
| | 과소필지 | 과소필지율 40% 이상 | |
| | 주택접도율 | 40% 이하(조건부 50% 이하) | |
| | 노후도 | 연면적의 2/3 이상(조례로 10%까지 완화 가능) | |

[자료 4-3] 서울시 정비구역 지정기준(도시 및 주거환경정비법) | 출처 : 서울도시계획포털

재개발은 낡은 집뿐만 아니라 그 주변의 오래된 상하수도 시설과 가스 공급시설, 도로, 공원 등을 전부 허물고 새로 짓는 형태다. 재개발

을 통해 층수나 방향이 좋은 집을 싼 가격에 분양받으면, 개발 후 많은 시세차익을 볼 수 있다. 조합원 자격 기준도 19세 이상이면 가능하다.

2018년 2월 9일, '도시 및 주거환경정비법'이 전면 개정되어 주택과 오피스텔, 부대 복리 시설만 지을 수 있었지만, 쇼핑몰이나 아파트형 공장 등 상업, 업무 시설을 추가할 수 있게 되어 사업성 측면에서 유리해졌다고 볼 수 있다. 보통 재개발을 위해서는 시나 도에서 '구역지정 고시'를 받아야 한다. 구역지정 고시란 주민들이 낸 재개발 계획을 검토한 후 기본 계획에 무리가 없다고 판단되면, 재개발을 할 수 있는 지역을 지정해주는 것이다. 구역이 지정되면 추진위원회가 구성되고 재개발 사업에 들어가게 된다. 추진위원회는 재개발구역 안 토지 등의 소유자 5인 이상으로 구성되고, 재개발 사업 시행을 위한 조합 정관(서울특별시 재개발조합 정관 준칙을 기준)을 작성하고, 토지 등의 소유자 총수의 2/3 이상 동의(면적 1/2 이상)를 얻어 구청장의 조합 설립 인가를 받아야 한다. 이후 사업을 시행하기 위해서는 토지 면적의 2/3 이상의 토지 소유자 동의와 토지 및 건축물 소유자 총수의 각 2/3 이상의 동의를 얻어야 한다. 이런 절차를 통해 재개발이 시작된다. 가장 중요한 재개발의 특징은 기존 주택 세입자에게 '공공 임대주택을 공급'하거나 공급 자격이 없는 '세입자에게 3개월분의 주거 대책비를 지급'하게 되어 있다는 것이다. 즉, 재개발 기간에 살 집을 제공해줘야 한다.

일단 재개발은 투자 관점에서 접근한다면 재개발구역 내에서는 다세대주택, 다가구주택, 상가, 무허가주택, 나대지, 심지어는 도로까지 투자의 대상으로 볼 수 있다. 상황은 다르지만, 입주권이 나오기 때문에 투자로 관심이 많은 종목이다.

얼마 전 경매로 재개발 지역의 도로가 나왔는데 3명이 입찰했다. 공부했던 사람들은 바로 입찰해 가지고 간 것이고, 공부하지 않고, 이곳이 재개발구역인지, 도로가 재개발 대상인지도 모르는 사람은 이것으로 뭐 하나 싶어 패스했을 것이다. 경매나 공매를 통해 '도로'가 많이 나온다. 부동산 중개사무소에서는 도로 가격이 보통은 소액이다 보니 수수료가 얼마 되지 않아 중개 대상에서 제외하는 경우가 많다. 선수들은 재개발 지역의 도로를 꾸준히 찾아서 낙찰받기도 한다. 선수들도 매번 낙찰되는 것은 아니기 때문에 일반인도 충분히 낙찰받을 수 있다. 경매는 '대법원 경매' 사이트(www.courtauction.go.kr)를 확인하면 되고, 공매는 '온비드' 공매 사이트(www.onbid.co.kr)를 확인하면 된다. 꾸준한 공부와 지역을 택했다면, 틈새 투자로 눈여겨보는 것이 좋다. 그래야 기회가 왔을 때, 잡을 수 있는 것이다. 조합원의 자격을 알아야 투자에 성공한다. 건물만 소유한 경우에는 별도 조건이 붙지 않지만, 토지의 크기는 매우 중요하다.

서울시 기준 90m² 이상을 소유해야 조합원으로 인정되고, 토지만 소유한 경우 무주택자에 한해 2010년 7월 30일 이전에 구역 지정이 되었다면 토지 면적이 30m² 이상, 90m² 미만인 경우에도 자격이 인정되기에 면적과 날짜를 유심히 보고 투자해야 한다.

유의해야 할 점은 재개발과 재건축 구역 내 부동산이 지정되었다고 해서 모두 조합원이 되는 것은 아니다. 다음 조건에 해당해야 한다.

① 재개발은 건축물이나 토지 또는 지상권자 중에서 분양신청 기간에 분양신청을 한 자

② 재건축은 건축물과 그 부속 토지 소유자 중에서 조합 설립에 찬성한 자

이 외에도 부동산이 크든 작든, 주택 수 상관없이 토지와 건물을 따로 가지고 있어도 자동으로 조합원이 된다. 하지만 '도시 및 주거환경 정비조례'에 따라 시행일인 2003년 12월 30일 이전에 이루어져야만 가능하다. 입주권을 여러 개 받기 위한 소유권 분리 편법을 막기 위해서다.

| 구분 | 토지+건물 소유 | 건물만 소유 | 토지만 소유 | | 무허가건축물 소유 |
|------|------|------|------|------|------|
| 소유권 분리일 | | 2003년 12월 30일 이전 | 2003년 12월 31일 이전 | 2003년 12월 31일 이후 | 관계X |
| 최소 면적 | 관계X | 관계X | 90㎡ 이상 | 30㎡ 이상 ~ 90㎡ 미만 | 관계X (무허가건축물로 인정받아야 함) |
| 주택 소유 여부 | 관계X | 관계X | 관계X | 무주택자 | 관계X |
| 지목 | 관계X | | 관계X | 지목현황 모두 도로면 자격 없음 | 관계X |

[자료 4-4] 재개발 조합원의 자격 | 출처 : 서울도시계획포털

30m² 미만의 토지 소유자는 현금 청산을 받게 되기 때문에 조합원 분양신청 전까지 부족한 면적을 추가로 매입해서 요건을 맞추면 조합원으로 인정된다. 토지와 건물을 함께 소유한 경우에는 조건 없이 조합원이 됨은 말할 것도 없다. 무허가주택은 속칭 '뚜껑'으로 불리는데, 소유권 자체는 인정이 되고 반드시 1989년 1월 24일 기준 무허가건축물대장에 등재되어 있거나, 당시 촬영한 항공 사진에 나타나 있어야

조합원 자격이 충족된다. 우선 재개발 지역에도 주택이 있을 것이고 도로, 상가가 있을 것이다. 경매로 재건축, 재개발을 낙찰받을 때는 조합원 자격이 있는 물건인지 체크한 후 매입해야 한다. 경매에 나왔다면 조합에 문의해 조합원 자격이 되는 물건인지 확인하면 된다.

최근에는 소규모주택 정비사업이 유행하고 있는데, '소규모주택정비특례법'을 따르는 사업의 종류는 여러 개다. '가로주택정비사업', '자율주택정비사업', '소규모재건축사업', '소규모재개발사업' 등이 대표적이다. 서울시가 발표한 '모아타운·모아주택' 사업 역시 이 특례법의 적용을 받는다. 정비 대상과 내용, 규모에 차이가 있을 뿐 큰 골자는 같다. 작은 골목에 있는 기존 집을 허물고, 새집을 짓겠다는 것이다. 소규모주택 정비사업을 재건축·재개발 사업과 견줘보면, 굉장히 신속하게 진행하는 것이다.

재개발·재건축 사업은 준비 단계부터 촘촘하다. 정비기본계획 수립, 안전진단, 정비구역 지정 등 행정적 절차를 밟은 뒤 조합설립추진위원회를 설립해야 사업이 사실상 '출발선'에 선다.

그 뒤에 추진위원회가 조합설립 인가를 득해야만 사업을 본격화할 수 있다. 이때까지 길게는 2년 안팎의 시간이 걸린다. 반면, 소규모주택 정비사업은 특례법에 따라 복잡한 과정이 생략된다. 대표적으로는 정비구역 지정이나 추진위원회 설립 절차가 없다. 주민이나 토지주의 동의를 일정 비율로 얻으면, 지자체로부터 조합설립 인가를 받을 수 있다. 후속 절차도 간단하다. 건축심의를 통해 사업시행 인가와 관리처분 인가를 동시에 처리할 수 있다. 조합원 수가 적어 이견이 나올 가능성도 작다.

가령, 가로주택정비사업의 경우 면적이 1만㎡ 미만으로 단독주택은

10가구 이상, 공동주택은 20세대 이상이 모이면 사업을 추진할 수 있다. 특히 일반 재건축으로는 사업성이 안 나오는 작은 단지는 소규모 주택 정비사업으로 재빠르게 선회하는 분위기다. 여기에 사업에 따라 조경기준, 건폐율, 건축물 높이 제한, 주차장 설치기준 등의 규제 완화 혜택도 볼 수 있다. 재건축 초과이익환수 부담금의 부담도 없다. 사업의 '첫 단추'만 잘 끼우면 순조롭게 골목을 정비할 수 있다.

# 재개발
## 투자 시기

　재개발은 투자 시기가 가장 중요하다. 재개발·재건축 투자를 통해 실제 수익을 얻으려면 짧게는 2 ~ 3년, 길게는 10년 이상 걸릴 수도 있다. 투자는 한정된 금액으로 최대한의 레버리지를 뽑아내는 것이 철칙이다. 또한, 분담금을 예측하는 데 신경을 곤두세우는 것이 투자 포인트다. P를 주고 샀지만, 막상 입주 시기가 되어서 신축 아파트 가격이나 P를 주고 산 가격이나 비슷한 가격에 입주한다면, 또는 감정평가액이 낮게 나와서 분담금을 많이 내야 하는 상황이 발생한다면 수익은커녕 손해를 볼 수 있기에 철저한 계산을 통해 들어가야 한다.

　부동산 상승장에서는 잘못 사지만 않는다면 모든 부동산이 오르지만, 부동산 하락장 또는 침체기가 장기간 지속되면 재개발·재건축 사업이 원활하게 진행되지 않을 뿐 아니라 진행 중이던 사업이 중단되기도 한다. 투자 시기는 조합 설립 전인 초기의 저가 매수 또는 관리처분 인가 후의 이주비 대출 활용 투자가 좋을 듯하다. 즉, 재개발 초기 아니면 이주비가 나오는 후반 투자를 추천한다.

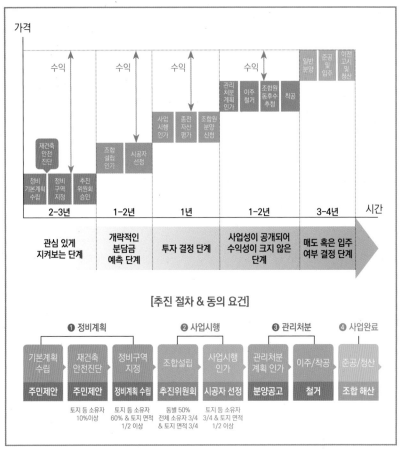

[자료 4-5] 재개발·재건축 사업 절차 | 출처 : 도시 및 주거환경정비법

　재개발·재건축 사업 진행 절차를 보면 총 5단계 정도의 진행 과정이 있는데, 재개발과 재건축에서 다른 점은 재건축 안전진단만 빼고 순서는 비슷하게 진행한다. [자료 4-5]를 보면 '사업시행 인가'라는 단계가 있는데, 이때 비로소 본격적인 사업이 시작된다고 보면 된다. 이 시기에 종전 자산 평가(소유자별로 가지고 있는 부동산의 가치 평가)를 실시하기 때문에 종전 자산이 얼마인지에 따른 감정평가액이 나오면, 여기에 일

반분양가, 사업비 등을 따져보며 조합원들이 분담해야 할 분담금이 개략적으로 산출된다. 보통은 사업시행 인가가 난 시기에 투자하는 것은 빠르다고 볼 수 있다. 이 단계는 투자자들이 가장 선호하는 타이밍이기 때문에 가격이 조금 높을 수 있으나, 늦었다고 생각할 때가 가장 빠를 수 있는 시기이기도 하다.

## 재개발·재건축 사업 절차 5단계

### 1단계 : 정비구역 지정

정비구역으로 지정되었다는 것은 재개발·재건축 사업이 필요하다고 지자체가 인정한 것이다. 정비구역으로 지정되면 재개발을 진행하기 위해 사업의 주체인 조합을 설립해야 하고, 조합을 설립하려면 먼저 추진위원회를 만들어 지자체 승인을 받아야 한다.

### 2단계 : 추진위원회 설립

위원장 5인 포함, 토지 등 소유자의 과반수 동의로 승인신청을 한다. 여러 업무 중 조합설립을 위한 동의서를 접수하는 것이 가장 큰 업무라고 볼 수 있겠다. 조합이 설립되지 않은 상태로 사업시행계획 인가를 받을 수 없다.

조합설립 인가를 받기 위해서는 정관 등 서류를 첨부해서 재개발 사업이라면 구역 내 토지 등 소유자 3/4 이상 및 면적 1/2 이상의 동의를 받아야 한다. 재건축 사업이라면 전체 구분 소유자의 3/4 이상 및 면적 3/4 이상의 동의를 받으면, 각 동은 구분 소유자의 과반수 동의

를 받아야 한다. 다만 주택 단지가 아닌 지역이 정비구역에 포함된 때
는 주택 단지가 아닌 지역의 토지 또는 건축물 소유자의 3/4 이상 및
토지 면적의 2/3 이상의 토지 소유자의 동의를 받아야 한다. 기존 재
건축 사업구역 내 여러 동 중 1 ~ 2개 동의 반대로 조합 설립이 무산
되는 경우가 많았다. 보통 1 ~ 2개의 반대하는 동은 조망이 좋거나 지
하철 접근성이 좋다는 이유로 반대했다. 그래서 현재는 동별로 받는
것이 아니라 비율제로 바뀌었다. 조합이 설립되는 것은 추진위원회에
서 행한 업무와 관련된 권리와 의무 모두 조합이 포괄 승계한다. 조합
설립 인가를 받은 날로부터 30일 이내에 등기해야 하고, 조합은 민법
의 사단법인에 관한 규정을 적용하게 된다.

보통 조합 설립 재사용 특례조항이 있음에도 불구하고, 실제 구역에
서는 동의서에 관해 소송의 빌미가 제공될 수 있기 때문에 재사용하
지 않고, 다시 동의서를 받는 경우가 많다. 조합은 명칭에 '정비사업조
합'이라는 문자를 넣어야 한다. 조합의 정관에는 '도시 및 주거환경정
비법' 제40조(정관의 기재사항)가 포함되어야 하며, 시·도지사는 표준정
관을 작성해서 보급할 수 있다. 조합 임원 등은 '형법' 적용에 있어 공
무원으로 보기 때문에 위법 시 형이 상당히 무겁다.

### 3단계 : 사업시행 인가

조합이 설립되면 사업시행자는 정비사업을 시작할 때 사업시행계
획서에 정관 등과 그 밖에 필요서류를 첨부해서 시장, 군수 등에게 제
출하고 사업시행 인가를 받아야 한다. 변경 및 폐지, 중지하는 경우도
같다. 사업시행계획 인가를 신청하기 전에 사업시행계획서에 대해 토
지 등 소유자의 3/4 이상 및 토지 면적의 1/2 이상의 토지 소유자의

동의를 받아야 한다. 규약에 따라 과반수 동의를 받아야 하며, 경미한 사항을 변경할 시에는 토지 등 소유자의 동의를 받지 않아도 된다. 사업시행계획 인가를 할 때는 대통령령으로 정하는 방법 및 절차에 따라 서류의 사본을 14일 이상 일반인이 공람하게 해야 한다. 특별한 사유가 없으면 시장, 군수 등은 사업시행계획서의 제출이 있는 날로부터 60일 이내에 인가 여부를 결정해서 사업시행자에게 통보해야 한다.

사업시행인가를 받으면, 시공사 선정 입찰공고를 내고 현장설명회를 개최하게 된다. 총회에서 투표로 선정하며, 입찰 방법에는 3가지가 있다.

① 일반경쟁입찰 : 모든 자격자가 입찰 참가해 가장 유리한 조건을 제시한 자를 선정할 수 있다. 보편적으로 많이 사용하는 방법이다.
② 지명경쟁입찰 : 3인 이상 입찰 참가에 신청하게 된다. 조합원 200명 이하인 정비사업만 가능한 방법이다.
③ 제한경쟁입찰 : 3인 이상 입찰 참가를 신청하고 도급한도액, 공사실적, 시공능력 등에 따라 참가자를 제한해 입찰하는 방법이다.

미응찰 등의 사유로 2회 이상 유찰된 경우에는 총회의 의결을 거쳐 수의계약을 할 수 있다. 정비사업 협력업체 선정과정의 투명성 확보를 위해 전자입찰제도도 도입되어 사용하고 있다.

사업시행자는 사업시행 인가가 있은 날로부터 120일 이내에 분양신청을 토지 소유자와 지역발간 일간신문에 통지 및 공고를 해야 한다. 만약, 사업시행계획 인가 이후 시공사 선정이 이루어진다면, 시공사와 계약을 체결한 날로부터 120일 이내로 분양신청 통지 및 공고를 해야 한다.

### 4단계 : 관리처분계획 인가(분양공고 및 분양신청)

사업시행자는 사업시행계획 인가 고시일로부터 120일 이내에 종전 가격, 개략적인 분담금 내역 및 분양신청 기간 등을 토지 등 소유자에게 통지하고, 분양의 대상이 되는 대지 또는 건축물의 내역 등을 일간신문에 공고해야 한다. 그 통지한 날로부터 30일 이상 60일 이내로 해야 한다. 분양신청 기간은 20일의 범위에서 연장할 수 있다. 건축물에 대한 분양을 받으려는 토지 등 소유자는 분양신청 기간에 사업시행자에게 대지 또는 건축물에 관한 분양신청을 해야 한다. 여기서 분양신청은 평형만 신청하는 것이 아니라, 동호수 추첨은 관리처분계획 인가 이후부터 일반분양 이전까지 이루어진다. 분양신청 시 어느 평형과 타입을 선택하느냐에 따라 프리미엄 형성가격이 달라지기 때문에 신중하게 선택해야 한다.

**추첨 방식**
경쟁률이 1:1을 넘는 경우,
권리가액을 기준으로 순차적으로 배정하며,
배정받지 못한 조합원은 무작위로 추첨한다.

**수기 추첨**
조합원들이 직접 자신이 입주할
아파트의 동호수를 선택하는 방식

**전산 추첨**
전체 조합원 중 선정된 몇 몇의 대표
조합원들이 전산 추첨을 담당하는 기관
에서 프로그램을 통해 선정하는 방식

[자료 4-6] 동호수 추첨방식 | 출처 : 저자 작성

조합원은 분양신청 자격과 분양신청 방법, 분양대상자별 분담금의 추산액 등이 담긴 분양신청 안내서를 바탕으로 원하는 동호수로 분양 신청을 하거나 현금청산을 선택하게 된다. 자격이 없는 조합원은 현금 청산이 되고, 자격이 있는 조합원은 입주권 지위 확정과 신청 평형이 최종 확정된다.

| 구분 | 재건축 | 주거환경개선 / 재개발 |
|---|---|---|
| 현금 청산 방식 | 매도청구 방식<br>조합설립에 동의하지 않은 토지 등 소유자에게 조합이 땅과 건물을 시가에 매도할 것을 청구하는 제도 | 수용방식<br>공공기관 등 사업시행자가 사업지구 내 토지를 전부 취득해 사업을 시행하는 방식으로 종전 토지 소유자의 권리는 모두 소멸 |
| 보상 기준 | 개발이익을 포함한<br>시가로 보상 | 개발이익을 배제한<br>감정평가금액으로 보상 |

[자료 4-7] 정비사업의 종류에 따라 달라지는 현금 청산 방식과 보상 기준 | 출처 : 정비사업 정보몽땅

또한, 사업시행자는 분양설계 및 분양대상자별 분양예정지인 대지 또는 건축물의 추산액, 분양대상자별 종전 토지 또는 건축물 명세 등이 포함된 관리처분계획을 수립해서 30일 이상 토지 등 소유자에게 공람하고 의견을 청취한 후 시장, 군수 등에게 인가 신청을 한다. 시장, 군수 등은 관리처분계획 인가 신청이 있은 날로부터 30일 이내에 인가 여부를 결정해 통보해준다. 이때는 조합원의 그 구역 부동산의 사용, 수익권이 조합원으로 이전된다. 관리처분계획 인가가 나면 조합에서는 통상 한꺼번에 명도소송을 진행한다. 재개발 사업은 공익사업인 만큼 이주 시 조합원에게는 이주비와 이사비를, 세입자에게는 세입자 대책 마련을 해준다. 집단대출의 중도금은 금융기관에서 대출을 실

행하는데 대출 시 HUG에서 보증을 해주어야 한다. 이주 후 철거가 끝난 후 중도금 대출이 가능하기 때문에 일반분양 일정이 늦어지는 부분이 있다.

감정평가를 통해 조합원 분양신청이 완료되면, 본격적인 사업시행자는 분양신청 마감 후 분양신청 현황을 기반으로 한 관리처분계획을 수립한다. 이때 분양설계, 분양대상자별 건축물에 대한 추산액, 기존 건축물의 철거 예정 시기 등을 포함한 관리처분계획을 세운다. 사업시행자는 특별한 사유로 관리처분계획의 경미한 사항을 변경할 수 있는데, 이 경우 시장이나 군수 등에게 신고해야 한다. 관리처분계획을 수립 후 인가 신청 전, 조합원 총회는 필수다. 조합원 총회에서 과반수 찬성 시, 관리처분계획 수립 및 변경할 수 있다. 조합원 총회에서 찬성으로 의결됐다면, 사업시행자는 30일 이상의 주민공람을 거친 후 시장·군수 등에게 관리처분계획 인가 신청을 해야 한다. 사업시행자는 시장·군수 등에게 관리처분계획 인가 신청 시 관리처분계획 인가 신청서와 관리처분계획서, 그리고 총회 의결서 사본 등을 함께 제출해야 한다. 별도의 타당성 검증 과정을 거치지 않는다면, 시장·군수 등은 관리처분계획 인가 신청이 있은 날부터 30일 이내 인가 여부를 결정해 사업시행자에게 통보 후 최종 고시를 하게 된다.

### 5단계 : 조합 해산(사업 완료)

조합원 동호수 추첨 및 계약이 진행되고 일반분양이 진행되면 광고를 하게 되고, 이때 실수요자나 분양권 투자자들이 관심을 두게 된다. 이때가 조합원 입주권 거래가 가장 활발하게 이루어지는 시기다. 조합원은 입주할 것인지, 입주권을 매도할 것인지 결정할 시기이며, 입주권을 매도해서 수익을 실현할 수도 있고, 입주 후 나중에 수익 실현을 할 수도 있다.

재건축은 재개발보다 기부채납 비율이 적기 때문에 개발이익이 더 크다. 재건축 지역은 정비 기반이 잘 갖추어진 곳이기에 도로, 공원, 공용 주차장, 비상 시설 등 개인 소유가 아닌 기반시설이 잘되어 있어 비용이 적게 들지만, 재개발은 기반시설이 거의 없고, 도로 및 공원도 협소하기 때문에 기부 채납을 해야 하는 부지가 많아진다고 보면 된다. 재개발 사업의 모든 절차는 대략 10년 정도다. 물론 입주 후에도 추가 분담금 문제나 이전 고시가 늦어지는 경우가 있기는 하지만, 대략 10년 정도를 잡으면 알맞다.

# 입주권은
# 몇 개까지 나올까?

재건축과 재개발은 입주권이 나오는 조건이 각각 다르다. 재건축 입주권 개수는 3개까지 받을 수 있다. 예를 들어 4개가 있다면 1개의 주택은 조합 설립 전에 매도하는 것이 현명하다. 1+1이라는 것도 있는데 주거 전용 면적이 크거나 종전 자산 평가액이 높으면, 입주권을 2개 받을 수 있다. 다시 말해 2개의 입주권 중 하나는 60㎡의 소형 주택이다. 이렇게 받은 60㎡ 소형 주택은 이전 고시일 다음 날부터 3년 이내 전매가 제한된다.

재개발은 재건축과는 달리 1개의 입주권이 나온다. 세대원 전체의 보유 주택을 합치기 때문에 세대원 전체의 1개라고 보면 된다. 만약 4채를 가지고 있다면 1+1로 입주권을 받을 수도 있다. 종전 자산 평가액이나 주거 전용 면적이 얼마인지, 분양받게 될 아파트의 분양가액과 주거 전용 면적이 얼마인지에 따라 2개를 받을 수도 있고, 아닐 수도 있다. 반대로 1채를 가지고 있지만 1+1을 받는 경우도 있다. 종전 자산 평가액이나 주거 전용 면적이 크다면 2개를 받을 수도 있다. 따라서 재개발 사업장의 경우 종전 자산 평가액이나 주거 전용 면적이 큰 매물을 매수하는 것도 좋은 투자 방법이다. 주의해야 할 점은 소형 평형을 신청한 조합원이 많은 경우, 남는 소형 평형이 없다면 우선권은 1주택 신청자에게 돌아가기 때문에 1+1을 받을 수 없으므로 유의해야 한다.

---

### ✒ Tip   재개발·재건축 관련 사이트

① 다이설 : https://dysul.kr

② 하우징헤럴드 : http://www.housingherald.co.kr

③ 서울 : 정비사업 정보몽땅 https://cleanup.seoul.go.kr

  서울도시계획포털

  https://urban.seoul.go.kr/view/html/PMNU3050000000

④ 경기 : 경기도청 https://www.gg.go.kr

⑤ 인천 : 인천광역시 추정분담금 정보시스템

  https://renewal.incheon.go.kr

# 부동산별
## 재개발구역 투자

### 다가구주택, 단독주택

재개발구역 내 가장 많은 물건이 나오는 유형 중 하나로, 요즘은 단독주택보다는 다가구주택이 많다. 재개발구역 내 대부분 주택은 오래되고, 시설 관리가 잘 안 되어 있다. 그리고 매매가액이 커서 개발 초기에는 인기가 없지만, 평형 신청 시기가 되어 대형 평수와 1+1 매물 요건이 충족된다면, 많은 프리미엄에 의한 높은 투자 수익을 노려볼 수 있는 투자처다.

[장점]

① 큰 평형이나 1+1 배정할 수 있다.

② 다가구주택 초기 투자 시 월세 임대수입도 가능하다.

③ 이주비 대출 금액이 많아 투자금을 줄일 수 있다.

[단점]

① 초기 투자금이 많이 들어간다.

② 너무 낡은 주택은 임대가 어렵거나 낮은 가격에 임대해야 한다.
즉, 보수 비용이 지속해서 들어간다.

[결론]

재개발 투자의 수익을 전부 누리려는 적극적인 투자자에게 적합하며, 투자 시기는 조합 설립 전인 초기의 저가 매수 또는 관리처분 인가 후의 이주비 대출 활용 투자가 좋다. 즉, 재개발 초기 아니면 이주비가 나올 후반쯤에 투자를 추천한다.

## 빌라(다세대주택)

다세대주택은 하나의 건물에 여러 가구가 살 수 있도록 건축된 4층 이하의 건물이다. 주택별로 구분 등기가 되어 있어야 한다. 다가구주택과의 차이점은 결정적으로 구분 등기 여부다.

[장점]

① 초기 투자금이 적게 들어간다.

② 철거 시까지 임대 관리가 용이하다.

③ 1주택자는 이주 전까지 2년 보유하면, 양도세 비과세가 가능해서 절세 전략이 가능하다.

④ 초보 투자자에게 추천하는 방법이다.

대지 지분이 적은 경우가 많아 조합원 분양신청 시 순위에서 밀리는 경우가 생긴다.

[결론]

초보 투자자나 소액 투자자에게 적합한 투자 방법이다. 매수 시기는 종전감정평가가 나오는 시기가 적당하다.

## 상가

다주택자에게 각종 규제가 생기면서 잘만 이용한다면 좋은 투자 물건 유형이다. '도시 및 주거환경정비법'에 의하면 상가는 재개발 후 분양받게 되어 있지만, 상가의 대지 지분이 90㎡ 이상일 때와 권리가액이 최소 평형의 조합원 분양가 이상일 때 아파트로 받을 수 있다. 조합 사무실에 가능한지 묻는 것은 필수 코스다.

세입자 주거 이전 여부와 상가 영업 보상비와 관련해서 재건축은 조합이 세입자 주거 이전 비용과 상가 영업 보상비를 지급하지 않아도 된다. 하지만 재개발은 둘 다 지급해야 하므로 사업 외 보상비가 많이 발생한다. 서울시의 경우 재건축의 용적률을 법정 상한까지 올리기 위해서는 늘어나는 50%를 소형 임대주택으로 공급해야 한다. 재개발의 경우 15% 이하로 정해 놓고 있다.

[장점]

① 주택 담보 대출 규제를 피해 상가 담보 대출로 투자금을 줄일 수 있다.

② 상권에 따라 임대수익이 가능하다.

[단점]

① 재개발 진행 과정에서 임대수입이 줄거나 공실 가능성이 크다.

② 분양신청 이전이라면 상가가 아파트로 분양될지 장담하지 못한다.

[결론]

다주택자의 초기 투자나 상가 담보 대출 이용자에게는 좋은 투자 방법이라 본다. 또 상가 분양 희망자라면 재개발구역 내 상가 투자를 한 후 개발 사업 중간에 아파트로 갈아탈 기회가 있기에 시장 상황에 맞게 대처할 수 있다.

## 무허가주택

오래된 재개발구역에는 무허가주택도 있다. 이런 사유지나 국유지의 무허가주택도 입주권을 받을 수 있다. 서울시는 '도시 및 주거환경정비법'에 근거해 1981년 12월 31일 이전에 지어진 무허가주택은 입주권을 받을 수 있도록 개정이 되었다. 해당 관할 구청에 가서 무허가건축물 확인 대장에서 확인하면 된다.

[장점]

① 물건 특성상 권리가액이 적어 소액 투자에 적합하다.

② 소액 투자로 재개발 사업 진행 과정에 맞춘 단기 투자로 유용한 물건이다.

**[단점]**

① 권리가액이 낮아 평형 배정에 불리하다. 현금 청산 가능성도 크다.

② 국가에 토지 사용료를 납부하므로, 초기부터 물건을 오래 가지고 있다면 불리하다.

**[결론]**

소액 단기 투자에 적합하다. 투자 시기는 조합설립 인가 전후 시점에 들어가는 것이 좋다.

### 도로 및 나대지

도로로 사용되고 있다고 모두 국유지가 아니다. 개인 소유도 있다. 이것을 '사도'라고 하는데, 재개발구역 내의 사도나 나대지도 대지 면적이 90㎡ 이상이라면 분양권 자격이 생기기 때문에 도로만 경매로 낙찰받는 사람들도 있다. 또는 권리가액이 최소 평형의 조합원 분양가 이상일 때도 분양권 자격이 생긴다. 상가와 비슷하지만 같은 대지 지분이라도 상가보다 권리가액이 몇 배나 적게 나온다는 점을 알아두면 좋다.

**[장점]**

① 관리처분 인가 후 아파트 입주권을 선택하기 전까지는 주택 수에 포함되지 않는다.

② 구역 내 몇 개의 도로, 나대지를 구입해 합산 면적을 늘리는 방법이 가능하다.

[단점]

① 면적 요건을 갖추어도 낮은 권리가액으로 입주권을 장담할 수 없다.

② 담보 대출이나 이주비 대출을 이용한 투자가 어렵다.

[결론]

다주택자에게 적합한 투자이며, 상대적으로 적은 비용으로 상급의 재개발구역 틈새 투자가 가능한 물건이다.

부동산별로 재개발구역 투자의 장단점을 열거했는데, 세금 관계는 고려 사항으로 넣지 않았기 때문에 전문가에게 개별적으로 세무 상담을 받는 것을 추천한다. 모든 재개발 투자 조건은 지자체 조례나 조합 규정에 따라 다를 수 있기에 꼼꼼한 확인이 필요하다.

# 꼭 알아야 하는
## 재건축 투자

### 재건축이란?

재건축이란 기존의 오래된 아파트나 빌라를 다시 허물고 새집으로 건축하는 것을 말한다. 재건축 투자는 아파트 상승률이 평균 주택 상승률을 앞서기 때문에 초과이익이 발생할 가능성이 크다. 이렇게 수익이 발생하면 초과이익에 대해서 '재건축 초과이익환수제도(이하 '재초환')'를 통해 초과이익에 대해 비용을 부담해야 한다. 이 환수금은 중앙정부 50%, 광역자치단체 20%, 기초자치단체가 30%를 세금의 형태로 가지고 간다. 재초환은 노무현 정부 시기, 재건축 아파트 단지들을 중심으로 부동산 가격이 가파르게 뛴 탓에 재건축에 따른 초과 이익을 집값 상승요인으로 보고 실시한 것이다. 실제 재초환을 적용한 아파트 단지는 2008년부터 발생했다. 하지만 2008년에는 리먼 브러더스 사태로 비롯된 대침체로 인해 아파트 재건축 사업 자체가 취소되거나 무기한 연기되는 경우가 많았기에 정작 실제로 적용된 단지는 거의 없다시피 했다.

논란이 많은 제도였기 때문에 대부분의 재건축 단지가 재초환 중단을 기다리던 시절이었다. 그러다 2012년 연말에 재초환 시행을 일시 중단하는 '재건축 초과이익환수에 관한 법률' 개정안이 통과되면서 2013년부터 2017년까지 사실상 일시 중단되었다.

이후 문재인 정부에서 2018년 8·2 부동산 대책을 통해 5년간 시행 중단된 일몰 기한이 종료됨에 따라 부동산 규제책의 하나로 재초환 중단 재연장 없이 재초환 제도 부활을 선언해 2018년 1월 1일에 부활하게 되었다. 문 정부에서 공공재개발 및 공공재건축에 대해 초과이익의 무려 90%를 환수하겠다고 해서 강남 3구 및 여의도 등지의 재건축 조합들은 공공재건축을 거들떠보지도 않았다. 초과이익환수제는 재건축에만 존재하는데, 이는 재건축 시장에는 악재로 다가온다. 하지만, 정부가 2021년에 2·4 공급 대책을 발표하면서 공공시행 정비사업을 선택한 단지의 경우에는 초과이익환수제를 적용하지 않겠다고 발표했다.

재건축의 경우 2018년 1월부터 재초환이 부활함에 따라 2017년 12월 31일까지 관리처분 인가를 받은 단지와 그렇지 않은 단지 간에 가격 차이가 나는 현상이 발생한 경우가 있었다. 2017년 12월 31일까지 관리처분 인가를 신청한 재건축 사업에 한해 초과이익환수제를 면제해주었기 때문이다. 재초환은 재건축으로 조합원이 얻은 이익이 인근 집값 상승분과 비용 등을 빼고 1인당 평균 3,000만 원을 넘을 경우, 초과 금액의 최고 50%를 부담금으로 환수하는 제도다. 윤석열 정부에서는 '재건축 부담금 합리화 방안'을 공개했는데, 면제금액이 3,000만 원에서 1억 원으로 대폭 확대되었다. 누진 구간도 2,000만 원 단위에서 7,000만 원 단위로 확대하겠다고 했다. 여기에 1가구

1주택 장기보유자는 추가 감면 대상이 된다. 이는 법률이 개정되어야 하므로 재건축에 관심이 있다면, 추가로 나오는 정부 정책들에 관심을 가지는 것이 좋다.

> **⚓ Tip** ｜ **재건축 초과이익환수제 용어**
>
> ① 개시 시점(종전 시점) : 재건축 조합설립추진위원회 설립 승인일
> ② 종료 시점 : 정비사업의 준공인가일
> ③ 정상주택가격상승분 : 정기예금 이자율과 해당 특별자치도, 시, 군, 구의 평균 주택가격 상승률 중 높은 비율을 곱해 산정
> ④ 개발비용 : 공사비, 설계감리비, 부대비용, 제세공과금 등

재건축 투자 시, 재초환 부담금을 고려해서 접근하거나, 2018년 1월 2일 이전에 관리처분 인가를 신청한 재건축구역에 접근하는 것이 절세 측면에서 효과적이다. 서울 지역 재건축이나 경기권 메이저급 재건축 단지들은 개발이익이 큰 만큼 재초환 부담금도 커질 것으로 예상된다.

## 재건축 순서

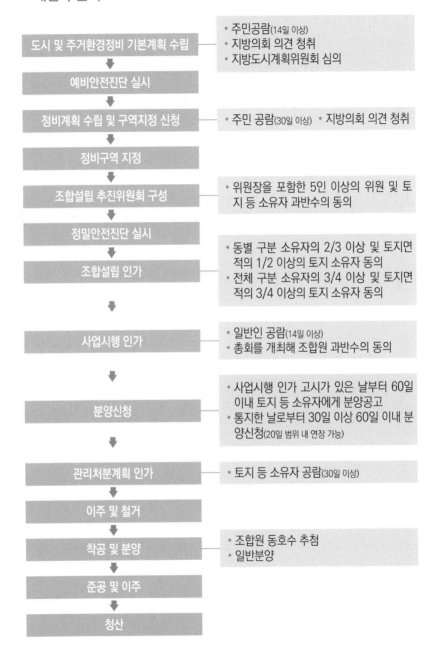

| | |
|---|---|
| **도시 및 주거환경정비 기본계획 수립** | • 주민공람(14일 이상)<br>• 지방의회 의견 청취<br>• 지방도시계획위원회 심의 |
| **예비안전진단 실시** | |
| **정비계획 수립 및 구역지정 신청** | • 주민 공람(30일 이상) • 지방의회 의견 청취 |
| **정비구역 지정** | |
| **조합설립 추진위원회 구성** | • 위원장을 포함한 5인 이상의 위원 및 토지 등 소유자 과반수의 동의 |
| **정밀안전진단 실시** | |
| **조합설립 인가** | • 동별 구분 소유자의 2/3 이상 및 토지면적의 1/2 이상의 토지 소유자 동의<br>• 전체 구분 소유자의 3/4 이상 및 토지면적의 3/4 이상의 토지 소유자 동의 |
| **사업시행 인가** | • 일반인 공람(14일 이상)<br>• 총회를 개최해 조합원 과반수의 동의 |
| **분양신청** | • 사업시행 인가 고시가 있는 날부터 60일 이내 토지 등 소유자에게 분양공고<br>• 통지한 날로부터 30일 이상 60일 이내 분양신청(20일 범위 내 연장 가능) |
| **관리처분계획 인가** | • 토지 등 소유자 공람(30일 이상) |
| **이주 및 철거** | |
| **착공 및 분양** | • 조합원 동호수 추첨<br>• 일반분양 |
| **준공 및 이주** | |
| **청산** | |

| 구분 | 단계 | | 내용 |
|------|------|------|------|
| 1단계 사업 준비 | 1-1 | 기본계획수립(주체 : 지자체) | 기본계획수립을 통해 재건축 결정 |
| | 1-2 | 안전진단 | 안전진단 실시(D등급 이하가 나와야 재건축 실시) |
| | 1-3 | 정비계획 수립(주체 : 지자체) | 재건축 구역을 지정하고, 정비계획을 수립 |
| 2단계 사업 시행 | 2-1 | 조합 구성 및 승인 | 조합(추진위원회)을 구성하고 승인을 받음. |
| | 2-2 | 조합 설립 및 승인 | 조합 설립 및 소유자의 동의 <br> * 추가분담금 명시 |
| | 2-3 | 시공사 선정(무상 지분율 평가) | 입찰을 통해 시공사 선정 |
| | 2-4 | 사업시행 인가 | 주택재건축 사업에 대해 지자체 최종 확인 |
| | 2-5 | 분양공고와 신청 및 현금 청산 | 조합원 분양공고 신청 |
| | 2-6 | 일반분양(잔여분) | 일반분양 개시 |
| 3단계 착공 단계 | 3-1 | 관리처분계획 인가 | 조합원들에게 분양되는 대지, 건축시설 등에 대한 권리의 배분 계획 |
| | 3-2 | 이주, 철거 및 착공 | 오래된 건축물 철거, 착공 |
| | 3-3 | 준공 및 인가 | 준공 시 준공인가 신청 |
| 4단계 청산 단계 | 4-1 | 이전 고시 | 대지 및 건축물 소유권을 분양받을 자에게 이전 |
| | 4-2 | 청산 단계 | 사업시행자가 청산금 징수, 지급 |
| | 4-3 | 조합 해산 | 조합 해산 재건축 마무리 |

[자료 4-8] 재건축 추진 절차 | 출처 : 저자 작성

### ① 기본계획 수립

도시계획을 10년 단위로 만들게 된다. 5년마다 타당성을 검토해 기본계획을 반영하게 되는데, 이 과정에서 공람과 시의회 의견을 청취한다. 정비계정구역으로 지정이 된다고 하더라도 5년 뒤 여건이 바뀌면 기본계획도 바뀌게 되므로, 정비예정구역이 해제될 수도 있다.

## ② 안전진단 통과

노후 불량 정도에 따라 안전진단이 들어간다. 이는 선택이 아닌 필수인데, 안전진단을 신청하는 주체는 해당 아파트들의 소유자가 된다. 해당 아파트의 주민 1/10 이상이 동의한 후 시, 군, 구청에 안전진단을 신청한다. 안전진단 비용은 대략 2 ~ 3억 원 정도다. 지자체는 30일 이내 안전진단 시행 여부를 통보하고, 안전진단 기관을 선정해 착수하게 된다. 최종 E등급을 받으면 재건축을 진행할 수 있다.

## ③ 정비구역 지정

기본적으로 주민설명회와 공람, 시의회 의견 청취 등을 거쳐 정비구역을 지정 신청한다.

## ④ 조합설립 추진위원회 구성

토지 및 기타사항을 소유자 과반수의 동의를 얻어 추진위를 만든다. 이때부터 추진위 운영비가 든다. 원칙상 조합원이 부담해야 하지만 현실적으로 무리다. 그래서 정비업체나 특정 시공사에서 자금 지원을 받는다.

그 지역의 토지 소유자 3/4 이상 및 토지 면적 50% 이상의 동의를 얻어 인가를 받아야 하는데, 문제가 여기서 발생하게 된다. 대개 추진위 단계에서 투자하는 경우가 많은데, 추진위 단계에서의 과반수 동의와 조합 설립에서의 3/4 동의율에는 큰 차이가 있게 된다. 조금이라도 조직적인 반대에 부딪히면 동의율을 채우지 못하기 때문이다. 결국, 사업은 기약 없이 지연된다. 이렇다 보니 편법으로 동의율을 충족시키려다 법적 분쟁이 일어나기도 한다. 조합장은 이 조합의 대표로 조합장의 능력에 따라 추진 속도가 달라진다. 조합원이 얼마나 투합하느냐에 따라 입주 시기가 빨라질 수도, 느려질 수도 있다. 추진위원회는 30일 안에 조합사무소가 속한 지역에 법인 등기를 내어 조합을 정식 설립한다.

### ⑤ 사업시행 인가(시공사 선정)

아파트 재건축 절차 과정에서 이 부분은 매우 중요하다. 어떤 회사를 고르느냐가 아파트 재건축 절차 사업 성패를 좌우하기 때문이다. 시공사로서도 사업성을 갖춘 정비구역을 따내는 것이 관건이다. 수주전은 치열하다. 법적으로는 조합이 설립된 후에 시공사 선정을 하게 되어 있지만, 현실은 추진위원회 단계에서부터 특정 시공사가 주도적으로 관여하는 것이 대부분이다. 여기서 주의할 대목이 있는데 건설사의 경기 판단과 내부 사정으로 사업 지연이 허다하게 발생하게 된다. 이러면 주도권이 시공사로 넘어가게 되는데, 조합 측이 대응하려 해도 마땅한 방법이 없다. 따라서 아파트의 가치를 높일 수 있는 좋은 시공사를 선정해야 한다.

[자료 4-9] 선호 시공사들(2022년 기준) | 출처 : 네이버

이 시공사는 공개입찰을 통해 결정되는데, 사업성이 높을수록 경쟁률이 높아진다. 각 시공사는 조합원들에게 제공할 여러 혜택을 강조하며 입찰에 들어간다. 조합은 입찰 제출 마감일 20일 이전까지(지역에 따라 다를 수 있음) 현장설명회를 통해 시공사 입찰 전반에 필요한 사항을 고지하고, 조합원 과반수가 참석한 시공사 선정 총회에서 투표로 결정이 된다. 우리가 흔히 아는 1군 시공사들이 앞다투어 참여한다면, 개인이 사업성 분석을 할 필요가 없다. 그만큼 사업의 충분한 수익을 예상하고 들어오는 것이기에 안심하고 가지고 가도 된다.

사업시행계획서를 작성해 사업시행 인가를 받는데, 이 서류에는 건축물배치계획 등 토지이용계획과 주민 이주 대책, 세입자 주거 대책, 건축물 높이와 용적률 등 건축 계획, 정비기반시설과 공동이용시설의 설치 계획이 담겨 있다. 조합원 비례율이니 권리가액이 이 단계에서 나온다. 쉽게 말해, 조합원 토지나 건축물의 평가가 이루어진다는 이야기가 되겠다.

앞서 재건축의 장벽이라고 불리는 안전진단을 통과했지만, 또 하나의 장벽이 이 단계에서 기다리고 있다. 바로 '건축심의'다. 건축심의란 향후 건설될 새 아파트가 도시 미관을 어떻게 향상시키고, 공공성을 확보할 수 있는지를 각 지자체에서 따지는 단계다. 예를 들어 서울은 주거용 건축물의 층수를 35층 이하로 제한하고 있는데, 이 규제를 해제 요청하는 것이 '건축심의'다. 건축심의를 받았다면, 이제 조합에서 먼저 사업시행계획을 세워 시·군·구청에 사업시행 인가를 신청하고, 다음 절차에 따라 최종 사업시행 인가를 고시 받게 된다.

사업시행 인가는 새로 지을 아파트의 조감도를 그리는 과정으로 층수와 세대 수 등의 건축 계획을 세우면 조합원 분양, 일반분양, 임대주택물량이 대략 나누어지는데, 이에 따라 총사업비와 조합원 분양가 등을 계산할 수 있게 된다. 사업시행 인가를 받은 뒤 이렇게 조합원 분양가, 일반 분양가, 조합원 부담금이 결정되면, 사업시행 인가를 받은 날로부터 60일 이내에 조합원 분양을 완료해야 한다. 이 시기가 조합원들끼리의 눈치싸움이 치열하다. 모두가 원하는 평형의 세대 수는 한정되어 있는데, 서로가 조금 더 나은 환경으로 가고 싶은 마음은 똑같기 때문이다.

### ⑥ 관리처분 인가(분양공고/이주/착공)

조합원 분양신청의 마지막 날은 사업의 규모가 확정되는 날이자 '관리처분계획수립일'이라고도 한다. 조합원 분양물량에 따라 감정평가액 총액이 결정되고, 일반분양과 임대주택의 물량, 보류지, 정비사업비추산액 등도 이때 정해진다. 다만 조합원 분양가는 아직 평균가로 발표되는데, 정확한 금액은 동호수 추첨 후에 각자가 당첨된 층수와 호수에 따라 개별적으로 안내된다. 관리처분 인가일을 기점으로 비로소 조합원의 물건은 '권리' 상태인 '입주권'으로 바뀌게 된다. 이제는 이주 및 철거를 해야 하는 단계다. 재건축 사업에서 이주는 크게 걱정은 안 해도 되지만, 재개발에서는 이주 과정이 조금 힘들 수 있다. 앞서 재건축과 재개발의 차이에서 말씀드렸듯이 세입자의 이주 보상 문제가 있기 때문이다.

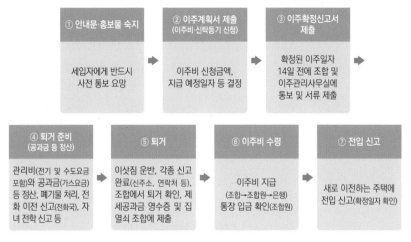

| ① 안내문·홍보물 숙지 | ② 이주계획서 제출 (이주비·신탁등기 신청) | ③ 이주확정신고서 제출 |
|---|---|---|
| 세입자에게 반드시 사전 통보 요망 | 이주비 신청금액, 지급 예정일자 등 결정 | 확정된 이주일자 14일 전에 조합 및 이주관리사무실에 통보 및 서류 제출 |

| ④ 퇴거 준비 (공과금 등 정산) | ⑤ 퇴거 | ⑥ 이주비 수령 | ⑦ 전입 신고 |
|---|---|---|---|
| 관리비(전기 및 수도요금 포함)와 공과금(가스요금) 등 정산, 폐기물 처리, 전화 이전 신고(전화국), 자녀 전학 신고 등 | 이삿짐 운반, 각종 신고 완료(신주소, 연락처 등), 조합에서 퇴거 확인, 제 세공과금 영수증 및 집 열쇠 조합에 제출 | 이주비 지급 (조합→조합원→은행) 통장 입금 확인(조합원) | 새로 이전하는 주택에 전입 신고(확정일자 확인) |

[자료 4-10] 이주비 수령 단계 | 출처 : 정비사업 정보몽땅

이주비 대출은 재개발·재건축 사업지에 투자할 때 요긴하게 사용할 수 있는 사막에 오아시스 같은 자금이다. 100% 이주가 끝나면 이제 건물 철거 승인이 나고, 본격적인 철거가 시작된다. 철거하고 난 후 착공과 동시에 모델하우스가 지어지고, 일반분양 직전에 조합원 동호수 추첨 결과가 청약홈 홈페이지에 발표된다. 이어서 조합원은 모델하우스로 가서 분양계약서를 쓰면 되고, 이후에는 느긋한 마음으로 최종 단계인 일반분양 과정을 지켜보면 된다.

아파트 재건축 절차의 사업시행자는 분양신청 현황을 기초로 관리처분계획을 수립한다. 정비사업비 추산액과 그에 따른 조합원 부담 규모 등이 거의 확정된다. 물론 부담 규모가 나중에 바뀔 여지는 남아 있지만, 그 변경 폭은 크지 않다. 일반분양 실패에 따른 변수는 여전히 존재하는데, 일반분양은 관리처분계획 이후에 이루어진다.

### ⑦ 조합 해산(준공/청산)

이제 마지막인 아파트 재건축 절차는 사업 비용과 수입에 대한 최종 정산단계까지 왔다. 조합원의 최종 추가 분담금이 결정되며, 조합과 시공사가 계약 조건에 대한 해석 차이로 다툼이 벌어지기도 한다.

### ⑧ 일반분양

마지막 단계인 일반분양가격은 누가 정할까? 분양가격은 조합이 결정하게 된다. 그렇다고 조합이 마음대로 분양가를 정할 수 없기에 주택도시보증공사(HUG)와 줄다리기를 시작하게 된다. 주택도시보증공사에서는 낮은 분양가격을 제시하는 일도 비일비재하다. 이에 자재비와 인건비 등 늘어난 사업비와 공시가격 상승분을 반영해 후분양하는 단지들도 속속 생겨나고 있다. 일반분양가격이 높으면 높을수록 조합원에게는 부담금도 줄게 되고, 때에 따라서는 추가 보상도 있기 때문이다. 그래서 감정평가액이 높을수록 주택도시보증공사와의 줄다리기는 조합원의 승리로 돌아가게 된다.

일반분양을 마치게 되면 준공일자가 다가오고, 준공인가를 받으면 마침내 기다리던 입주를 할 수 있게 된다. 입주하게 되면 이제는 등기를 받게 되고, 소유권을 이전받게 된다. 소유권 이전이 끝났다는 것은 '조합이 청산되었음'을 의미하며, 이제 폐업 신고만이 남은 것이고, 이때 최종비례율이 나온다. 남겨둔 예비비와 공사를 하면서 늘거나 줄어든 사업비를 셈해 최종 정산하는 과정이다. 이때 만약 조합이 사업을 잘해서 이익이 남으면 조합원에게 청산금으로 지급되거나 단지 내 편의시설을 늘리는 방향으로 소진되고, 예상보다 지출이 커서 추가 부담금이 생기면 조합과 조합원 간의 다툼이 발생하기도 한다.

재건축 시행 절차는 조합방식과 공공방식이 약간의 차이가 있다. [자료 4-11]을 보면, 기본계획수립부터 정비사업 동의까지는 같고, 그 이후의 단계는 약간씩 차이가 있음을 알 수 있다.

| 조합 방식 | 공공 방식 | 처리 방향 |
|---|---|---|
| 기본계획 수립 | 기본계획 수립 | • 특별시장, 광역시장, 대도시의 장이 10년마다 수립하고 5년마다 타당성 검토(광역계획) |
| 안전진단 | 안전진단 | |
| 정비구역 지정 | 정비구역 지정 | • 기본계획의 범위 내에서 개별구역을 대상으로 수립하는 계획 |
| 정비사업 동의 | 정비사업 동의 | • 구역 지정 시 행위제한의무 발생 |
| 추진위원회 승인 | 주민대표회의 승인 | • 추진위/주민대표회의 구성 및 승인 : 토지 등 소유자 과반수 동의를 먼저 얻은 기구를 시장, 군수가 승인 |
| 창립총회 | (설명회) | |
| 조합설립 인가 | 시행자 지정 | ① 조합 인가<br>동별 구분 소유자 2/3 이상 + 토지 면적 1/2 이상의 토지 소유자의 동의 전체 구분 소유자 3/4 이상 + 전체 토지 면적의 3/4 이상의 토지 소유자 동의 |
| 시공사 선정 | (도급) | ② 시행자 지정<br>토지 등기 소유자가 2/3 이상 동의+토지 면적의 1/2 이상 토지 소유자 |
| 사업시행 인가 | 사업시행 인가 | |
| 감리자 선정 | (감독) | • 건축 심의 등을 거쳐 설계를 확정 |
| 관리처분 인가 | 관리처분 인가 | • 주택법 제24조에 따라 감리자 선정 |
| 이주/철거/착공/분양 | 이주/철거/착공/분양 | • 조합원에 대한 분양분을 확정하고 이를 기초로 추가 분담금 등 권리 관계를 확정 |
| 준공검사 신청 | 자체 준공검사 | • 주민 이주, 기존 건축물 철거, 공사 착공, 분양 |
| 준공 인가 | (통보) | • 신축 건축물 준공 인가 • 입주 |
| 입주/이전 고시 | 입주/이전 고시 | • 이전 고시 • 등기촉탁 |
| 청산/조합 해산 | 청산 | • 추가분담금 등 관리 관계를 정산하고 사업 종료 |

[자료 4-11] 재건축 시행 절차에서 조합 방식과 공공 방식의 처리 방향 | 출처 : 도시 및 주거환경정비법

한편 앞서 언급했던 재건축 초과이익을 계산하는 식은 다음과 같다.

재건축 초과이익 = 종료 시점(준공일) 주택가격 총액 − [개시 시점(재건축조합추진위 승인일) 주택가격 총액 + 정상주택가격 상승분 총액 + 개발비용(추가 분담금)]

'종료 시점(준공일)의 주택가격 총액'이라는 말은 재건축 준공 시점의 주택가격의 시세가 아닌, 감정원의 아파트 평가액이나 공시지가를 의미한다. 보통 시세를 100%로 한다면, 감정평가는 80 ~ 85%, 공시지가는 60 ~ 65%로 유지되어왔다. 하지만 2020년 11월 3일 발표한 '부동산 공시가격 현실화 방안'으로 개시 시점 대비 공시가율의 차이로 인해 세금이 많이 계산될 수도 있는 리스크도 존재하게 된다.

이 '부동산 공시가격 현실화 방안'은 왜 만들어졌을까? 결론적으로는 세수 증대를 위해 발표된 것이다. 보통 세금을 대부분 공시지가로 산정하기 때문에 보유세가 산정될 때 기준이 되면서 요율이 상승되면 세금도 올라가게 된다. 부동산을 소유하고 있다면 중요한 지수이기 때문에 세금 면에서는 악재라고 볼 수 있다. 정부에서는 공시지가 현실화를 위해 90% 달성을 목표로 인상을 고지했고, 시간이 지날수록 현실화되고 있다. 공시지가가 상승함에 따라 보유세 외에도 건강보험료, 재산세 등 자산과 관련한 모든 세금이 상승하게 된다. 90% 상승까지 2035년을 목표로 기준을 잡고 있으며, 10년에서 15년간 공시지가 현실화가 진행될 예정이다. 1년에 2 ~ 3%씩 2035년까지 상승할 것으로 보인다. 9억 원 미만은 균형 확보를 위해 3년간은 1% 이내에서 적용되고, 나머지 기간은 3%가 올라갈 것으로 보인다. 9억 원 이상을 소유하고 있는 경우에는 5 ~ 7년간 3%씩 높인다고 한다. 공시지가는 국토교통부에서 운영하는 '부동산 공시가격 알리미'라는 사이트(www.realty-price.kr)가 있다. 홈페이지에 접속하면 주택, 토지 등 검색할 수 있고, 아파트는 지역별로 주소만 알면 아파트까지 볼 수 있다.

여기서 잠시 '공시지가'에 대해 설명하고 넘어가겠다. 토지는 표준지 공시지가와 개별공시지가로 나뉜다.

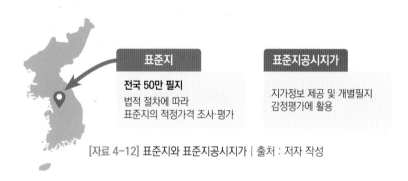

[자료 4-12] 표준지와 표준지공시지가 | 출처 : 저자 작성

표준지공시지가는 지역에서 자리매김한 50필지를 나타낸 것으로, 국토교통부가 전국의 모든 땅 중 표본 50만 필지를 선정해 매년 1월 1일 기준으로 조사해서 2월 말에 공시하게 된다. 전국의 모든 땅에 대한 가격을 매길 수 없으므로 표준지를 선정해 이 지역의 땅값을 매긴 것이다. 토지 보상금과 개별공시지가의 산정자료로 활용한다.

개별공시지가는 시·군·구에서 표준지공시지가를 기준으로 세부적인 개별 필지별 가격으로 산출한 개별 토지 가격이다. 매해 5월에 공시하며 취득세, 양도세, 상속세, 농지전용, 산지 전용 등 세금과 부담금을 산정할 때 기초자료로 활용하게 된다. 목적물에 맞게 나오는 자료이니 활용하면 좋을 것 같다. 지역적 특성에 따라 차이는 있게 마련이다. 이 개별공시지가는 양도소득세, 취등록세, 국세와 지방세를 산정하는 기초자료로 활용된다.

한편 재건축 초과이익환수제 재건축부담금 계산법은 다음과 같다.

> 재건축 초과이익환수제 재건축부담금 = (재건축 초과이익 ÷ 해당 조합원의 수)
> × 부과율(조합원 1인당 평균 이익에 따라 적용)

정부가 재건축 연한을 30년에서 40년으로 연장하고 안전진단 기준도 강화하겠다고 발표해 일부 재건축 단지에서는 재건축 공시지가 상승 요구라든지 사업을 연기하고, 임대 후 분양하려는 등 규제를 피하려고 하고 있어 시장을 주시하며 투자하길 바란다.

| 구분 | | 결정·공시주체 | 공시일 | 적용 및 효력 |
|---|---|---|---|---|
| 토지 | | | | |
| 표준지 공시지가 | | 국토교통부 장관 | 결정공시일(1.1) | 지가정보제공<br>감정평가의 기준 |
| 개별 공시지가 | | 시장·군수·구청장 | 결정공시일(5.31) | 조세부과의 기준<br>개발부담금 부과기준 |
| 주택 | | | | |
| 단독 | 표준주택 | 국토교통부 장관 | 공시기준일(1.1) | 개별 주택가격 산정의 기준 |
| | 개별주택 | 시장·군수·구청장 | 결정공시일(4.30) | 주택 시장 가격정보 제공<br>조세부과를 위한 기준 |
| 공동주택 | | 국토교통부 장관 | 결정공시일(4.30) | 주택 시장 가격정보 제공<br>조세부과를 위한 기준 |

| 구분 | 결정·공시주체 | 적용 및 효력 |
|---|---|---|
| 기준시가 | 국토교통부 장관 | 국세 부과 기준<br>상속세, 증여세, 양도소득세 등 부과기준 |
| 시가표준액 | 시장·군수·구청장 | 지방세 부과 기준<br>취득세, 종합부동산세, 재산세 등 부과기준 |

| 초과이익 | 1인당 부담금 |
|---|---|
| 3,000만 원 | 면제 |
| 5,000만 원 | 200만 원 |
| 7,000만 원 | 600만 원 |
| 1억 원 | 1,600만 원 |
| 3억 원 | 1억 1,500만 원 |
| 5억 원 | 2억 1,500만 원 |
| 8억 원 | 3억 6,500만 원 |

[자료 4-13] 재건축부담금 | 출처 : 재건축 초과이익환수에 관한 법률

　재건축의 실행 방식은 조합 방식과 신탁 방식으로 나뉜다. 조합 방식은 절차가 아주 복잡하지만, 신탁 방식은 신탁사만 결정 나면 신탁사가 알아서 하는 방식이다. 추진위원회만 결성되면 신탁사 지정을 할 수 있으며, 신탁도 관리신탁과 개발신탁으로 나뉜다. 결정적으로 조합원이 빠지는 방식이기 때문에 분쟁이나 비리에서 해방될 수 있는 방식이다. 신탁사가 시공사를 정하고 대행을 하는 것인데, 시공사는 분양이 안 되면 건설 비용 회수가 어려워진다. 그래서 예비비를 지정하는 데 사업 기간이 단축되어 요즘은 많이 사용하는 방법이다. '한국자산신탁'에서 하는 경우 믿을 만하다. 신탁업체의 자본이 튼튼해야 한다. 신탁업체는 리츠를 할 수 있어 펀딩이나 주식을 발행할 수 있다.

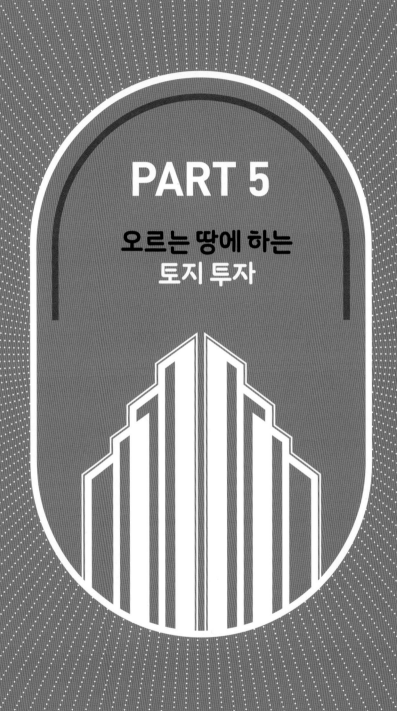

# PART 5

## 오르는 땅에 하는
### 토지 투자

# 토지, 이것만 알면
# 기본은 먹고 들어간다

앞에서 다양한 부동산 투자 방법과 장단점에 대해 알아봤다. 지금부터 살펴볼 토지 투자는 막연히 어렵고 힘든 분야라고 생각할지 모르나, 잘 구입한다면 큰 수익을 안겨줄 수 있는 투자법이다. 서울 사람은 서울 외 토지에 원정 투자하고, 지방 사람은 서울 아파트에 원정 투자한다는 기사를 접했다. 외지 투자자가 유입되면서 강력한 지가 상승세가 펼쳐지는 것이다.

아파트가 생필품이라면 토지는 사치품이라고 볼 수 있다. 생활에 꼭 필요한 것은 아니기 때문에 여윳돈으로 투자하게 된다. 수요층이 두텁지 않고 실수요자의 구매력이 적다는 단점이 있다. 그러나 다른 부동산과 다른 큰 차이점은 수요와 공급의 법칙이 먹히지 않는 시장이라는 것이다. 땅값이 떨어지기 시작하면 일반인은 저렴하게 살 수 있겠다고 생각하지만, 지주들은 도리어 내놓았던 땅들을 거두어들이거나 일정 금액 이하로 팔지 않겠다는 마지노선 같은 것이 정해진다. 그래서 불황기 때도 땅이 없고, 개발지역 내의 급매물은 거의 나오지 않는 편이다.

실제 개발지역 내의 토지는 불황을 모른다. 규제가 강화되어도 투자 욕구를 내려놓기 어려운 투자가 개발 호재를 가지고 있는 토지다. 규제가 강화되어도 개발재료에 따라 몇 년 후 땅값이 몇 배 이상 올라 투자자들에게 이익을 가져다주기 때문이다. 개발지역 발표 후, 1 ~ 2개월 내 땅값이 급등하게 된다. 이런 개발지역의 토지는 뒷사람도 먹을거리를 남겨놓고 파는 것이 좋다. 예상 시세차익의 60 ~ 70%만 가지고 가도 만족해야 한다. 또한, 개발지역으로 발표 난 이후의 규제도 심해진다. 토지거래허가구역으로 묶인다든지, 농지법이 강화되거나 세금을 강화하는 등의 규제가 나오게 된다. 보통 토지는 주거용과 수익성을 경험한 후에 많이 찾는 분야이며 자산이 있고, 부동산에 대해 어느 정도 공부한 사람이 투자하는 대상이다. 90% 이상이 투자 수요이고, 나머지 10% 정도가 농사를 짓기 위한 수요나 대토용으로 보인다.

토지는 절대적으로 미공개 개발계획을 다 믿으면 안 된다. 개발지역의 정보를 선점하고, 시행 주체를 파악해야 한다. 정부와 지자체에서는 수많은 개발계획을 내놓으면서 청사진을 그리는 일이 비일비재하다. 1급 개발정보를 얻긴 힘들지만, 이미 발표된 자료를 보는 것은 어렵지 않다.

지자체 홈페이지 고시공고란을 꾸준히 열람하거나 광역도시계획 정보를 얻어 터득하면 충분히 알 수 있다. 그 이후, 공무원으로부터 확인을 한 번 더 하는 것이 좋다. 개발지역에서 토지 투자를 하게 되면 시행 주체에 따라 방향이 결정된다. 민자개발방식으로 개발하는 경우, 개발계획이 장기 지연되거나 수포가 될 수 있어 유의가 필요하다. 그러나 국토교통부나 한국토지주택공사의 공고라면 믿을 만하다. 그러므로 국가개발 사업이나 택지개발 사업 일대의 토지에 투자하는 것이 리스크를 줄이는 방법이다. 또한, 저평가된 토지를 찾아내야 먹을거리가 생긴다. 제값을 주고 사더라도 개발지역에서는 토지 가격이 오르지만, 개발계획의 초기 단계가 아니라면 개발지역 내 토지를 비싸게 구입하면 토지 투자의 매력을 상실하게 된다. 토지 투자를 하겠다고 생각했다면, 개발지역 인근의 저평가된 지역 토지를 노리는 것이 효과적이다. 좋은 개발지를 골랐다면 인근 지역까지 파급 효과가 나타나기 때문이다. 풍선 효과라고 들어봤을 것이다. 핫한 지역이 오르면 그 인근 지역까지 퍼져 나가는 모양새가 펼쳐진다. 이는 토지에서도 적용된다.

우선 '토지'라는 분야를 처음 접하는 분이라면, 기본적으로 알아야 하는 것이 있다. 부동산 분야 대부분이 그렇겠지만, 토지에 기초를 잡으려면 일단 개념을 알아야 한다. 기본적인 공부만 하고 가도 반은 먹고 들어간다. 이론과 실전은 상이하지만, 기본적인 것부터 모르고 무작정 임장을 하게 되면 땅이 보이지 않는다. 토지 분야는 생각보다 공부할 양이 방대하다. 부동산 중개사무소를 방문한 손님이 기본적인 것을 계속 질문한다면 어떨까? 역지사지로 내가 과외를 하는데 너무 쉬운 것조차 물어본다고 하면, 가르치는 사람도 의욕이 떨어질 것이다. 기본적인 것을 계속 물어보면, 좋은 물건을 받을 수 없고 고급 상담을 받기가 어려워진다. 내가 모르면 질문을 할 수 없고, 부동산에 기초적인 질문을 하면 좋아할 사람이 아무도 없다. 기본 상식 몇 가지만 알아도 기본 대화는 이어 나갈 수 있다.

## 지목

우리나라에는 28가지의 지목이 있다. 28가지 모두 외울 필요는 없다. 글자 그대로 보기만 해도 이해가 되는 수준이기 때문이다. 지목은 변경할 수 있으며, 지목이 상향됨에 따라 토지의 지가도 상승하는 경향이 있다. 지목상승을 해서 매도하고자 한다면 토지 원가를 따져 봐야 한다. 지목이란 토지의 주된 용도에 따라 토지의 종류를 구분해 지적 공부에 등록한 것을 말한다. 지목을 분리하는 이유는 그 토지가 어떻게 사용되고 있는지 알려 주는 정보값이라고 보면 된다(종종 지목이 현장과 다르게 사용되는 경우도 있으나 열외로 하겠다).

지목은 현재 국토의 이용 현황을 반영하기 때문에 전국 국토의 현황을 파악할 수 있는 자료가 된다. 이는 도시계획, 지방 행정의 기초자료가 되며, 이를 토대로 토지를 효율적으로 활용하고 난개발로 인한 다양한 문제를 해결한다. 지목은 취득세와 양도소득세의 과세 자료로도 사용된다. 용도에 따라 세금을 부과하기 때문이다. 토지 주인이 임의로 지목을 변경할 수 없고, 용도에 맞는 지목을 등록하게 함으로써 토지 이용의 공공성을 확보하기 위한 목적이다. 지목은 1필지 1지목이 원칙이다. 1필 1목이라고도 부르는데, 하나의 필지에 하나의 지목만이 들어갈 수 있다. 하나의 용지에 2가지 용도로 사용한다면 주된 용도에 따라 설정이 된다. 이를 '주 지목 추정 원칙'이라고 부른다. 임시적, 일시적으로 사용한다면 지목을 변경하지 않아도 된다. 이를 '일시 변경 불변의 원칙'이라 부르며, 도시개발이나 농지 개량 사업, 택지개발 사업, 공업 단지 조성 사업 등 공사가 준공된 토지는 그 사용 목적에 따라 지목을 설정하게 된다.

| 번호 | 지목 | 부호 | 내용 |
|---|---|---|---|
| 1 | 전 | 전 | 물을 상시적으로 이용하지 않고 곡물·약초·관상수 등의 식물을 주로 재배하는 토지 |
| 2 | 답 | 답 | 물을 상시적으로 이용해 벼·연·미나리·왕골 등의 식물을 주로 재배하는 토지 |
| 3 | 과수원 | 과 | 사과·배·밤 등의 과수류를 집단으로 지배하는 토지와 이에 접속된 저장고 등 |
| 4 | 목장용지 | 목 | 축산업 및 낙농업을 하기 위해 초지를 조성한 토지, 가축을 사육하는 축사 등의 부지 |
| 5 | 임야 | 임 | 산림 및 원야를 이루고 있는 수림지·죽림지·암석지·자갈땅·모래땅 등 |
| 6 | 광천지 | 광 | 지하에서 온수·약수·석유류 등이 용출되는 용출구와 그 유지에 사용되는 부지 |
| 7 | 염전 | 염 | 바닷물을 끌어들여 소금을 채취하기 위해 조성된 토지와 이에 접속된 제염장 등 |
| 8 | 대 | 대 | 주거·사무실 등 영구적 건축물과 이에 접속된 부속시설물, 택지조성공사가 준공된 토지 |
| 9 | 공장용지 | 장 | 제조업을 하는 공장시설물의 부지, 관계 법령에 따라 공장부지조성공사가 준공된 토지 |
| 10 | 학교용지 | 학 | 학교의 교사와 이에 접속된 체육장 등 부속시설물의 부지 |
| 11 | 주차장 | 차 | 주차에 필요한 독립적인 시설을 갖춘 부지와 주차전용 건축물 및 이에 접속된 부속시설물의 부지 |
| 12 | 주유소용지 | 주 | 석유 등의 판매를 위해 일정한 설비를 갖춘 시설물의 부지, 저유소 및 원유 저장소의 부지 등 |
| 13 | 창고용지 | 창 | 물건 등을 보관, 저장하기 위한 보관시설물의 부지와 이에 접속된 부속시설물의 부지 |
| 14 | 도로 | 도 | 교통운수를 위해 보행 또는 차량운행에 이용되는 토지와 휴게소 부지 등 |

| 번호 | 지목 | 부호 | 내용 |
|---|---|---|---|
| 15 | 철도용지 | 철 | 교통운수를 위해 이용되는 토지와 이에 접속된 역사·차고·발전시설 등 부속시설물의 부지 |
| 16 | 제방 | 제 | 조수·자연유수·모래·바람 등을 막기 위해 설치된 방조제·방사제·방파제 등 |
| 17 | 하천 | 천 | 자연의 유수가 있거나 있을 것으로 예상되는 토지 |
| 18 | 구거 | 구 | 인공의 수로·둑 및 그 부속시설물의 부지와 자연의 유수가 발생되거나 예상되는 소규모 수로 부지 |
| 19 | 유지 | 유 | 댐·저수지·소류지·연못 등의 토지와 연·왕골 등이 자생하는 배수가 잘 안 되는 토지 |
| 20 | 양어장 | 양 | 수산생물의 번식 또는 양식을 위한 인공시설을 갖춘 부지와 이에 속한 부속시설물의 부지 |
| 21 | 수도용지 | 수 | 물을 정수해 공급하기 위한 취수·저수 및 배수시설의 부지와 이에 속한 부속시설물의 부지 |
| 22 | 공원 | 공 | 일반공중의 보건·휴양을 위한 시설을 갖춘 토지로 공원 또는 녹지로 결정·고시된 토지 |
| 23 | 체육용지 | 체 | 국민의 건강증진을 위한 체육시설의 토지와 이에 속한 부속시설물의 부지 |
| 24 | 유원지 | 원 | 일반 공중의 위락·휴양 등에 적합한 시설의 토지와 이에 속한 부속시설물 부지 |
| 25 | 종교용지 | 종 | 일반 공중의 종교의식을 위한 교회·사찰 등 건축물의 부지와 이에 접속된 부속시설물의 부지 |
| 26 | 사적지 | 사 | 문화재로 지정된 역사적인 유적·고적·기념물 등을 보존하기 위해 구획된 토지 |
| 27 | 묘지 | 묘 | 사람의 시체가 매장되어 묘지공원으로 결정·고시된 토지 및 이에 접속된 부속시설물의 부지 |
| 28 | 잡종지 | 잡 | 다른 지목에 속하지 않는 토지. 갈대밭, 변전소, 송유시설, 도축장, 쓰레기처리장 등 |

[자료 5-1] 지목의 종류 | 출처 : 공간정보의 구축 및 관리 등에 관한 법률

## 용도지역

용도지역은 토지의 이용 및 건축물의 용도·건폐율·용적률·높이 등을 제한함으로써 토지를 경제적·효율적으로 이용하고, 공공복리의 증진을 도모하기 위해 서로 중복되지 않게 도시·군 관리 계획으로 결정하는 지역을 말한다. 우리나라의 도시·군 계획의 근간을 이루는 용도지역제(Zoning)는 도시·군 계획의 중요한 법적 집행 수단의 하나다. 시가지 개발을 효율적인 방향으로 유도하기 위해서 주택·상업 시설·공장·학교 등 용도에 따라 토지 이용을 규제·관리하는 토지이용계획의 대표적인 법적 실행 수단이다. 도시계획 구역에 대해서는 '도시계획법', 도시계획 구역 외 지역에 대해서는 '국토이용관리법'에 의해 관리했으나, 2002년에 '국토이용관리법'과 '도시계획법'이 통합되어 '국토의 계획 및 이용에 관한 법률'이 제정됨에 따라 도시지역과 비도시지역을 일원화해 용도지역을 지정·관리하고 있다.

[자료 5-2] 용도지역, 용도지구, 용도구역 구분 | 출처 : 국토의 계획 및 이용에 관한 법률(이하 국토계획법)

'국토의 계획 및 이용에 관한 법률'에 의한 용도지역은 크게 도시지역, 관리지역, 농림지역, 자연환경 보전 지역으로 구분한다. 이 4가지를 세부적으로 나누면 21가지의 용도지역이 나오게 된다.

| 용도지구 종류<br>[총 9개 대분류]<br>경관, 고도,<br>방화, 방재,<br>보호, 취락,<br>개발진흥,<br>특정용도 제한,<br>복합 용도 | **2. 용도지구**<br>용도지역 제한 강화,<br>완화로 기능증진 및<br>미관, 경관, 안전 등을<br>도모(용도지역 보완) | **3. 용도구역**<br>용도지역 및 지구 제한<br>강화, 완화로 토지 이<br>용 종합적 조정 및 관<br>리(용도지역·지구 보완) | 용도구역 종류<br>[총 5개 분류]<br>개발 제한,<br>시가화 조정,<br>수산자원 보호,<br>도시자연공원,<br>입지규제최소 |

**1. 용도지역**
토지의 이용 및 건축물의 용도, 건폐율, 용적률 등을 제한함
으로 효율적 토지 이용 및 공공복리 증진을 도모하기 위해 중
복되지 않게 도·시군관리계획으로 결정하는 지역

**용도지역 종류[대분류 4개, 중분류 9개, 소분류 21개]**

| 도시지역 | | | | 관리지역 | | | 농림<br>지역 | 자연환경<br>보전지역 |
|---|---|---|---|---|---|---|---|---|
| 주거<br>지역 | 상업<br>지역 | 공업<br>지역 | 녹지<br>지역 | 보전관리<br>지역 | 생산관리<br>지역 | 계획관리<br>지역 | 농림<br>지역 | 자연환경<br>보전 |
| 제1, 2종<br>전용,<br>제1, 2, 3종<br>일반,<br>준주거 | 중심,<br>일반,<br>근린,<br>유통 | 전용,<br>일반,<br>준공업 | 보전,<br>생산,<br>자연 | 보전<br>관리 | 생산<br>관리 | 계획<br>관리 | 농림 | 자연<br>환경<br>보전 |

[자료 5-3] 용도지역, 용도지구, 용도구역의 정의 및 종류 | 출처 : 서울도시계획포털

| 구분 | 명칭 | 세분 | 지정목적 |
|---|---|---|---|
| 용<br>도<br>지<br>역 | 주거<br>지역 | 전용주거지역 | 양호한 주거환경을 보호하기 위해 필요한 지역 |
| | | 제1종<br>전용주거지역 | 단독주택 중심의 양호한 주거환경을 보호하기 위<br>해 필요한 지역 |
| | | 제2종<br>전용주거지역 | 공동주택 중심의 양호한 주거환경을 보호하기 위<br>해 필요한 지역 |

| 구분 | 명칭 | 세분 | 지정목적 |
|---|---|---|---|
| 용도지역 | 주거지역 | 일반주거지역 | 편리한 주거환경을 조성하기 위해 필요한 지역 |
| | | 제1종 일반주거지역 | 저층주택을 중심으로 편리한 주거환경을 조성하기 위해 필요한 지역 |
| | | 제2종 일반주거지역 | 중층주택을 중심으로 편리한 주거환경을 조성하기 위해 필요한 지역 |
| | | 제3종 일반주거지역 | 중고층주택을 중심으로 편리한 주거환경을 조성하기 위해 필요한 지역 |
| | | 준주거지역 | 주거기능을 위주로 하되 일부 상업 및 업무기능의 보완이 필요한 지역 |
| | 상업지역 | 중심상업지역 | 도심·부도심의 상업기능 및 업무기능의 확충을 위해 필요한 지역 |
| | | 일반상업지역 | 일반적인 상업기능 및 업무기능을 담당하게 하기 위해 필요한 지역 |
| | | 근린상업지역 | 근린지역에서의 일용품 및 서비스의 공급을 위해 필요한 지역 |
| | | 유통상업지역 | 도시내 및 지역간 유통기능의 증진을 위해 필요한 지역 |
| | 공업지역 | 전용공업지역 | 주로 중화학공업, 공해성 공업 등을 수용하기 위해 필요한 지역 |
| | | 일반공업지역 | 환경을 저해하지 않는 공업의 배치를 위해 필요한 지역 |
| | | 준공업지역 | 경공업 및 기타 공업을 수용하되, 주거·상업·업무기능 보완이 필요한 지역 |
| | 녹지지역 | 보전녹지지역 | 도시의 자연환경·경관·산림 및 녹지공간을 보전할 필요가 있는 지역 |
| | | 생산녹지지역 | 주로 농업적 생산을 위해 개발을 유보할 필요가 있는 지역 |

| 구분 | 명칭 | 세분 | 지정목적 |
|---|---|---|---|
| 용도지역 | 녹지지역 | 자연녹지지역 | 도시 녹지공간 확보 등을 위해 보전할 필요가 있는 지역으로, 불가피한 경우에 한해 제한적인 개발이 허용되는 지역 |
| | 관리지역 | 보전관리지역 | 자연환경 등을 위해 보전이 필요하나, 주변의 용도지역과의 관계 등을 고려할 때 자연환경보전지역으로 지정해 관리하기가 곤란한 지역 |
| | | 생산관리지역 | 농업·임업·어업생산 등을 위해 관리가 필요하나, 주변의 용도지역과의 관계 등을 고려할 때 농림지역으로 지정해 관리하기가 곤란한 지역 |
| | | 계획관리지역 | 도시지역으로의 편입이 예상되는 지역 또는 자연환경을 고려해 제한적인 이용·개발을 하려는 지역으로서 계획적·체계적인 관리가 필요한 지역 |
| | 농림지역 | | 농림업의 진흥과 산림의 보전을 위해 필요한 지역 |
| | 자연환경보전지역 | | 자연경관, 수자원, 해안, 생태계 및 문화재보존 등의 보호·육성을 위해 필요한 지역 |

**용도지역별 구분**(국토계획법 제6조)

1. 도시지역 : 인구와 산업이 밀집되어 있거나 밀집이 예상되어 당해 지역에 대하여 체계적인 개발·정비·관리·보전 등이 필요한 지역(주거지역, 상업지역, 공업지역, 녹지지역)

2. 관리지역 : 도시지역의 인구와 산업을 수용하기 위하여 도시지역에 준하여 체계적으로 관리하거나 농림업의 진흥, 자연환경 또는 산림의 보전을 위하여 농림지역 또는 자연환경보전지역에 준하여 관리가 필요한 지역

3. 농림지역 : 도시지역에 속하지 아니하는 농지법에 의한 농업진흥지역 또는 산지관리법에 의한 보전산지 등으로서 농림업의 진흥과 산림의 보전을 위하여 필요한 지역

4. 자연환경보전지역 : 자연환경·수자원·해안생태계·상수원 및 문화재의 보전과 수산자원의 보호·육성 등을 위하여 필요한 지역

[자료 5-4] 용도지역의 종류 | 출처 : 국토계획법

## 용도지구

용도지구는 건폐율, 용적률, 높이에 따른 제한을 강화 및 완화함으로써 용도지역의 기능을 증진시키기 위해 도시관리계획으로 결정하는 지역을 이야기한다.

| 용도지구 | 지정 목적 |
|---|---|
| 경관지구 | 경관의 보전·관리 및 형성(자연경관지구, 시가지경관지구, 특화경관지구) |
| 고도지구 | 쾌적한 환경 조성, 토지의 효율적 이용을 위해 건축물 높이의 최고 한도 규제 |
| 방화지구 | 화재의 위험 예방 |
| 방재지구 | 풍수해, 산사태, 지반의 붕괴, 그 밖의 재해 예방(시가지방재지구, 자연방재지구) |
| 보호지구 | 문화재, 중요 시설물 및 문화·생태적으로 보존가치가 큰 지역의 보호·보존(역사문화환경보호지구, 중요시설물보호지구, 생태계보호지구) |
| 취락지구 | 녹지지역·관리지역·농림지역·자연환경보전지역·개발제한구역·도시자연공원구역의 취락을 정비(자연취락지구, 집단취락지구) |
| 개발진흥지구 | 주거·상업·공업·유통물류·관광·휴양 기능 등을 집중적으로 개발·정비(주거개발진흥지구, 산업·유통개발진흥지구, 관광·휴양개발진흥지구, 복합개발진흥지구, 특정개발진흥지구) |
| 특정용도제한지구 | 주거 및 교육 환경 보호나 청소년 보호 등의 목적으로 오염물질 배출시설, 청소년 유해시설 등 특정시설의 입지를 제한 |
| 복합용도지구 | 지역의 토지 이용 상황, 개발 수요 및 주변 여건 등을 고려해 효율적이고 복합적인 토지 이용을 도모하기 위해 특정시설의 입지를 완화 |

[자료 5-5] 용도지구의 종류 | 출처 : 국토계획법

## 용도구역

용도구역은 시가지의 무질서한 확산방지, 계획적·단계적 토지 이용 도모, 토지 이용의 종합적 조정·관리 등을 위해 토지의 이용 및 건축물의 용도·건폐율·용적률·높이 등에 대한 용도지역 및 용도지구의 제한을 강화 또는 완화하는 지역이다.

| 용도구역 | 지정권자 | 정의 |
|---|---|---|
| 개발제한구역 | 국토교통부 장관 | 도시의 무질서한 확산을 방지하고 도시 주변의 자연환경을 보전해 도시민의 건전한 생활환경을 확보하기 위해 도시의 개발을 제한할 필요가 있거나 국방부 장관의 요청이 있어 보안상 도시의 개발을 제한할 필요가 있다고 인정되는 지역 |
| 도시자연공원 구역 | 시·도지사, 대도시 시장 | 도시의 자연환경 및 경관을 보호하고 도시민에게 건전한 여가·휴식공간을 제공하기 위해 도시지역 안에서 식생이 양호한 산지의 개발을 제한할 필요가 있다고 인정되는 지역 |
| 시가화조정 구역 | 시·도지사 | 도시지역과 그 주변지역의 무질서한 시가화를 방지하고 계획적·단계적인 개발을 도모하기 위해 대통령령으로 정하는 기간 동안 시가화를 유보할 필요가 있다고 인정되는 지역 |
| 수산자원보호 구역 | 해양수산부 장관 | 수산자원을 보호·육성하기 위해 필요한 공유수면이나 그에 인접한 토지 |
| 입지규제최소 구역 | 도시·군관리 계획의 결정자 | 도시지역에서 복합적인 토지 이용을 증진시켜 도시 정비를 촉진하고 지역 거점을 육성할 필요가 있다고 인정되는 지역 |

[자료 5-6] 용도구역의 정의 | 출처 : 국토계획법

[자료 5-7]은 지목과 용도지역 모두를 합쳐 놓은 것이 지적도다. '토지이음'이라는 사이트(http://www.eum.go.kr)에 들어가면 토지이용계획확인원을 통해 확인해볼 수 있다.

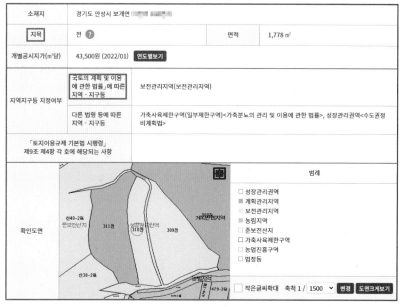

[자료 5-7] 토지이용계획확인원 | 출처 : 토지이음

## 건폐율과 용적률

건폐율이란 내가 가지고 있는 땅(필지)에 얼마나 큰 건물을 지을 수 있는지를 나타내는 평면적인 비율이다. 건폐율을 구하는 공식은 다음과 같다.

$$건폐율 = \frac{건축면적}{대지면적} \times 100$$

예를 들어 대지면적이 100평이라면, 이 대지면적에 건물을 지을 때 1층 바닥면적이 30평을 넘을 수 없다는 뜻으로 보면 된다. 건폐율을 정하는 이유는 건축물 주위에 최소한의 공지를 확보함으로써 건축물의 과밀화를 방지하고 일광, 채광, 통풍 등에 필요한 공간을 확보하기 위해서다.

건폐율이 건물을 지을 수 있는 평면적인 부분을 나타낸다면, 용적률은 건물을 지을 수 있는 층이 올라간 모든 면적에 대한 비율이다. 용적률을 구하는 공식은 다음과 같다.

$$용적률 = \frac{연면적}{대지면적} \times 100$$

연면적에는 지하층 및 주차용으로 쓰이는 바닥면적은 포함되지 않는다. 용적률을 규제하는 이유는 미관, 조망, 일조, 개방감 등을 좋게 해서 쾌적한 환경을 조성하기 위해서다. 용적률이 높을수록 건축물을 높게 지을 수 있는데, 아파트의 경우 용적률이 크다면 그만큼 빽빽하게 들어선다는 것을 말하는 것이다. 재개발이나 재건축 사업의 경우 용적률이 클수록 분양물량이 증가해 투자 수익이 높아진다.

[자료 5-8]만 공부해도 이 토지에 어떤 건물을 지을 수 있는지, 몇 평 정도 지을 수 있는지 대략 알 수 있다. 각 용도지역의 건폐율과 용적률은 표를 보면서 참고하길 바란다. 물론 조례가 더 앞서기 때문에, 지자체에 따라 미세하게 달라질 수 있으나 큰 틀만 이해해도 좋다.

여기까지가 토지 투자에서 알아야 할 가장 기초 중의 기초라고 보면 된다.

| 용도지역 | | | 건폐율 | | 용적률 | |
|---|---|---|---|---|---|---|
| | | | 국토의 계획 및 이용에 관한 법률 | | | |
| | | | 법률 | | 시행령 | |
| 도시 지역 | 주거 지역 | 1종 전용주거지역 | 70% 이하 | 50% 이하 | 500% 이하 | 50 ~ 100% 이하 |
| | | 2종 전용주거지역 | | 50% 이하 | | 100 ~ 150% 이하 |
| | | 1종 일반주거지역 | | 60% 이하 | | 100 ~ 150% 이하 |
| | | 2종 일반주거지역 | | 60% 이하 | | 150 ~ 250% 이하 |
| | | 3종 일반주거지역 | | 50% 이하 | | 200 ~ 300% 이하 |
| | | 준주거지역 | | 70% 이하 | | 200 ~ 500% 이하 |
| | 상업 지역 | 중심상업지역 | 90% 이하 | 90% 이하 | 1500% 이하 | 400 ~ 1500% 이하 |
| | | 일반상업지역 | | 80% 이하 | | 300 ~ 1300% 이하 |
| | | 근린상업지역 | | 70% 이하 | | 200 ~ 900% 이하 |
| | | 유통상업지역 | | 80% 이하 | | 200 ~ 1100% 이하 |
| | 공업 지역 | 전용공업지역 | 70% 이하 | 70% 이하 | 40% 이하 | 150 ~ 300% 이하 |
| | | 일반공업지역 | | | | 200 ~ 350% 이하 |
| | | 준공업지역 | | | | 200 ~ 400% 이하 |
| | 녹지 지역 | 자연녹지지역 | 20% 이하 | 20% 이하 | 100% 이하 | 50 ~ 100% 이하 |
| | | 생산녹지지역 | | 20% 이하 | | 50 ~ 100% 이하 |
| | | 보전녹지지역 | | 20% 이하 | | 50 ~ 80% 이하 |
| 관리지역 | | 계획관리지역 | 40% 이하 | 40% 이하 | 100% 이하 | 50 ~ 80% 이하 |
| | | 생산관리지역 | 20% 이하 | 20% 이하 | 80% 이하 | 50 ~ 80% 이하 |
| | | 보전관리지역 | | 20% 이하 | | 50 ~ 80% 이하 |
| 농림지역 | | | 20% 이하 | 20% 이하 | 80% 이하 | 50 ~ 80% 이하 |
| 자연환경보전지역 | | | 20% 이하 | 20% 이하 | 80% 이하 | 50 ~ 80% 이하 |

[자료 5-8] 용도지역 분류표 | 출처 : 국토계획법

# 왜 토지 투자를
# 해야 할까?

토지 투자는 매력적인 투자처임은 틀림없다. 그렇다면 왜 토지 투자를 해야 할까? 토지 투자는 나만의 노하우만 정립한다면 쉽게 돈을 벌 수 있고, 팔기도 쉽다. 오랫동안 안 팔리고 묶여 있는 토지는 가격이 시세보다 비싸거나 잘못 샀기 때문이다. 오르는 땅은 정해져 있다. 뜬구름 같은 이야기일 수 있겠으나 현업에 있는 필자는 어떤 땅이 오를지 누구보다 잘 안다. 그리고 매도인이 물건을 팔겠다고 가지고 왔을 때 귀신같이 가격을 측정한다. 필자에게서 금액을 들은 후, 여러 부동산 중개사무소에 다녔더니 거의 금액이 비슷하다고 찾아온 사람들이 수백 명이다. 나이를 불문하고 자신의 내공과 지식이 많고, 다른 사람에게 무언가를 줄 수 있는 영향력이 생긴다면, 사람들은 그 사람을 신뢰하게 된다. 건물이라면 모를까 토지 가격을 이렇게 정확하게 맞히는 사람이 얼마나 될까? 필자는 매도인이 욕심을 부린 가격으로 예상이 되면 매도 기간까지 맞춰준다. "언제 팔릴 것이다"라고 말이다. 그러면 귀신같이 그때 팔린다. 또한, 토지 투자를 할 때는 주변 시세보다 급매물이나 헐값으로 나온 물건은 바로 낚아챌 수 있는 용기도 있어야 한다. 이는 이론으로 백번 설명해도 소용없다. 현장에서 관심을 가지고 지켜보면 언젠가는 눈을 뜨게 되어 있다.

고수는 일반 투자자가 손대기 어려운 난이도 높은 물건에 손을 댄다. 교환과 대물, 체비지, 공사와 조합 및 기업의 매물, 국공유지 등 틈새 상품을 공략한다. 경매의 경우 기간입찰이나 대지권 없는 경매 공동주택, 불법건축물, 유치권 및 법정지상권, 상가와 공장, 특수물건에 손을 댈 것이다. 대형 평수를 개발해서 전원주택지로 개발해서 작게 분할하는 방법도 있을 것이고, 별 볼 일 없는 부동산을 지역색에 맞게 아이디어를 통해 리모델링하거나 임대를 통해 차익을 거두기도 한다. 건축하기도 하고, 국가지원사업을 받기도 한다. 여기까지 오기 위해서는 많은 시행착오와 다년간의 투자 경험과 노하우가 집약되어야 하고, 투자 요령과 이론만으로는 어렵다. 다양한 정보를 끊임없이 투자하고 만들어서 자신만의 전문지식으로 특화시켰기에 가능한 일이다. 이 정도의 발상을 하기 위해서는 부동산 외에도 법률 지식, 경제와 금융 등 전문가 수준으로 실력을 만들어야 한다. 보통 이런 고수들은 확신이 들면 빨리 움직이고, 과거에 집착하지 않는다. 투자 자료는 자신의 것으로 만들어서 분석하고 검증하는 단계를 거친다.

보통 부자들은 부지런한 사람이 많다. 부자가 된 데는 다른 요소들이 많겠지만, 부지런함도 한몫했을 것이다. 이런 부자들은 세금을 양날의 검처럼 생각한다. 벌어들인 수익에서 세금을 최소화하기 위해서 전략을 세우고, 전문가를 고용해서 자신에게 유리한 양도 시기 계획을 세운다. 토지 투자가 처음이라면 개발계획이 난무한 곳을 타깃으로 해서 정한 다음, 그 지역의 개발계획을 손품부터 팔아서 지도가 익숙해져야 한다. 임장은 그 이후에 한다. 임장부터 하게 되면 눈에 들어오지도 않을뿐더러, 부동산 중개사무소를 다닌들 뾰족하게 얻을 수 있는 것은 없다.

우리가 토지를 투자해야 하는 이유는 다음과 같다.

첫째, 활용도가 무궁무진하다. 땅의 위치, 토지 이용 규제 상황 등에 따라서 건축 여부가 달라지겠지만 주택, 상가, 창고, 공장 등 본인의 니즈에 맞는 건축이 가능하다는 것이 토지 투자의 가장 큰 장점이다. 어쨌든 본인이 공을 들이고 노력하는 만큼 토지 투자는 다양한 활용이 가능하다. 땅만 잘 산다면 상가를 지어 임대로 줄 수도 있고, 다가구주택을 지어 임대할 수도 있다. 다세대주택을 지어 빌라 분양을 해도 되고, 공장 창고를 지어서 임대해도 된다. 하다못해 시내권에 빈 나대지를 사서 주차장으로 임대로 줄 수도 있겠다. 또한, 농막을 가져다 두고 나만의 캠프장으로 사용할 수도 있다.

둘째, 세금 측면에서도 유리하다. 요즘은 주택 투자가 쉽지 않다. 집 하나 매수를 하려고 해도 무슨 족쇄에 걸린 것 같다. 취득세, 종부세 등 세금을 생각하다 보니 조정지역에 집 한 채라도 가지고 있으면 연구를 많이 해서 투자해야 하거나, 꼼짝하기도 쉽지 않은 상황이다. 그런 면에서 투자금은 있고, 투자처는 마땅하지 않다고 하면 토지 투자를 고려해볼 만하다. 토지의 취득세는 농지 외 토지 4.6%, 농지 3.4%, 2년 이상 자경(직접 농사를 짓는 일) 시 1.6%이기에 다주택자 주택 취득세보다 부담이 없다. 또한, 재산세 역시 전, 답, 과수원 등 농지(도시지역 외)의 경우 분리 과세 대상이라서 세율이 0.07 ~ 4%밖에 되지 않는다.

| 부동산 통합 취득세율(주택 외) | | | | | |
|---|---|---|---|---|---|
| 구분 | 부동산 종류 | | 취득세 합계 | 취득세 | 부가세 | |
| | | | | | 지방교육세 | 농어촌특별세 |
| 유상취득 | 주택 외 | | 4.6% | 4.0% | 0.4% | 0.2% |
| | 토지 | | 4.6% | 4.0% | 0.4% | 0.2% |
| | 농지 | 일반농지 | 3.4% | 3.0% | 0.2% | 0.2% |
| | | 귀농인 | 1.6% | 1.5% | 0.1% | 면제 |
| | | 자경농민 | 1.6% | 1.5% | 0.1% | 면제 |
| 무상취득 | 상속 | 토지 | 3.16% | 2.8% | 0.16% | 0.2% |
| | | 농지 | 2.56% | 2.3% | 0.06% | 0.2% |
| | | 자경농민 | 0.18% | 0.15% | 0.3% | 면제 |
| | 증여 | 토지 | 4.0% | 3.5% | 0.3% | 0.2% |
| | 신축 | | 3.16% | 2.8% | 0.16% | 0.2% |

[자료 5-9] 주택 외 취득세 | 출처 : 국세청 홈택스

셋째, 대출이 상대적으로 자유롭다. 사실 요즘 대출 규제가 너무 심해서 대출을 받기가 쉽지 않다. 주택담보 대출은 물론, 신용 대출, 마이너스 통장까지 규제해서 대출받기가 그 어느 때보다 쉽지 않은데, 토지는 상대적으로 LTV 등의 규제에서 자유로워 투자 시 대출을 상대적으로 많이 받을 수 있다는 장점이 있다. 개인의 신용도만 좋다면, 토지 담보 자체로 대출이 나온다. 요즘은 소득도 조금 있어야 하니, 바뀌는 대출 정책도 파악해 가면서 투자해야 한다. 또한, 대출 상환 시 주택과 달리 원금+이자가 아니라, 이자만 상환할 수 있어 매월 부담해야 할 이자의 부담이 적은 특징이 있다.

즉, 이자만 계속 내다가 2년 후에 일반 과세로 매도하면서 원금을 갚아 버리고, 이자와 원금을 뺀 나머지가 순수익이 되는 것이다. 그래

서 토지를 한번 매도하면 목돈이 들어온다. 투자를 반복하는 사람들은 투자에 중독이 되어 있다고 봐도 과언이 아니다. 큰돈을 은행 예·적금에 넣어 놓지 못하고, 계속 투자처를 찾는 것이다.

　가난한 사람과 부자는 마인드가 다르다. 가난한 사람은 금리가 오르면 부동산 가격이 내릴 것이라고 폭락을 외치지만, 부자들은 그런 뉴스들을 유심히 보면서 꾸준히 관심을 가지고 지켜본다. 그리고 시기를 봐서 과감하게 결단한다. 또한, 가난한 사람은 작은 것에 연연해 하며 사지 못하고 시간이 지나면서 후회하고 원망만 늘어 간다. 부동산 자체에 흠부터 잡고 아는 척을 하면, 중개사무소에서는 보따리를 풀지 않는다. 부자치고 부정적으로 이야기하는 사람은 없다. 부자는 막무가내로 깎아내리지 않는다. 타당한 설명과 반론을 제기한다. 왜 그렇게 생각하는지부터 설명하고, "이것은 이래서 그렇습니다"라는 결론이 나와야 납득이 되는 것이다. 경솔하게 행동하면 좋은 기회를 놓칠 수 있다. 겸손하고 차분하며 투자할 때는 과감하게 행동하는 것이 세상을 살아가는 데 있어 유리하게 작용할 것이다.

# 토지 투자에도
# 단점이 존재할까?

모든 투자에는 양면성이 있기 마련이다. 토지 투자도 장점만 있는 것은 아니다. 하지만 알고 대비하고 투자하면 또 다르다. 토지 투자의 단점은 다음과 같다.

첫째, 환금성이 떨어진다는 단점이 있다. 하지만 모든 토지가 환금성이 떨어지는 것은 아니다. 호황기나 급매 같은 경우는 내놓자마자 몇 시간 만에 팔리기도 한다. 하지만 보편적으로 다른 상품들에 비해 대부분 환금성이 떨어진다. 이 환금성이 떨어지는 품목에 제대로 투자만 해둔다면, 호재가 터졌을 때 큰 차액을 누릴 수가 있다. 물론 토지를 잘 샀을 때의 이야기다. 몇 년 동안 안 팔리는 땅은 문제 있는 땅일 가능성이 크다. 보통 호재가 많은 개발지역의 토지는 손바뀜이 잦다. 평당 가격을 5만 원만 낮춰도 금방 매수자가 나타난다. 하지만, 땅은 오래 가지고 있을수록 애착이 높아지기 때문에 쉽사리 싼 값에 팔지 못한다. 상속받거나 증여받은 토지도 싼값에 팔지 못하고, 애지중지 보석처럼 아끼는 경우가 많은 것도 이에 비례한다.

둘째, 토지는 대출 금리가 상대적으로 높다. 대출 상환 시 원금을 갚지 않고 이자만 상환할 수 있는 것은 장점이지만, 주택 담보 대출보다 토지 담보 대출은 금리가 높은 편이다. 하지만 마이너스 통장도 가능해서 근로소득이나 꾸준히 들어오는 자금이 있다면, 마이너스 통장으로 토지 투자를 해두고 들어오는 돈으로 메꿔도 좋다. 금리는 마이너스 통장일 때가 일반 대출보다 높은 편이다. 대출이 많다면 일반 대출을 하는 것을 권하고, 대출이 많지 않고 금방 갚아 나갈 수 있는 상환 능력이 된다면 마이너스 통장이 이득이다. 내가 가진 소득과 대출에 비례해서 터무니없는 대출을 안고 있고, 소득이 거의 없으며, 신용도가 좋지 않다면 대출이 나오기가 힘들겠지만, 99%의 사람은 대출할 수 있으니 참고하기 바란다.

셋째, 비자발적 장기 투자의 위험이 있다. 부동산은 기본적으로 자산가격이 높고, 개인 자산에서 높은 비중을 차지하기 때문에 '묻지 마 투자' 등을 할 가능성은 적다. 하지만 토지는 잘못된 의사 결정으로 매수했을 때 돌이키기가 쉽지 않다. 다음 매수자가 있어야 하는데, 더군다나 그 땅이 도로도 없는 맹지라면 이야기는 더욱 심각해진다. 탈출이 쉽지 않은 맹지는 쉽사리 매수자가 덤벼들지 않기 때문이다.

맹지를 매입할 때는 출구전략을 마련한 후 매입해야 한다. 예를 들어 신도시 계획 발표 이후 인근 땅값이 오를 것으로 기대하고 토지를 매입했는데, 사업 진행이 계획대로 되지 않아 비자발적인 장기 투자를 하다가 결국 헐값에 토지를 팔게 되는 경우 등을 그다지 어렵지 않게 찾을 수 있다. 토지 투자는 다른 부동산에 비해 본인의 목적 및 계획을 분명히 하고, 자금 계획 등을 철저히 세운 뒤 니즈에 맞는 토지를 찾기 위한 공부를 꾸준히 하는 일이 반드시 선행되어야 한다. 토지는 오르는 법칙이 정해져 있다. 바로 대다수가 원하는 토지를 사면 된다. 단순한 원리이지만, 초보에게는 아주 어려운 일이다.

---

🖋 **Tip** | **돈 되는 토지 투자 법칙 8가지**

**① 투자 수요가 많은 지역에 투자하라**

한국부동산원에서 토지 거래 추이를 확인해 반드시 대다수가 필요로 하는 토지를 사야만 한다. 소수가 필요로 하는 토지는 수요층이 낮아서 가격이 오를 가능성이 없다. 대다수가 필요로 하는 도시에 있거나 도시 근교에 있는 토지를 봐야 한다.

**② 싼 토지는 사지 마라**

저렴한 것은 이유가 있고, 제값 주고 산 것은 제값을 한다. 부자들은 대도심 인근의 택지개발 및 아파트 개발이 가능한 지역, 상업 및 빌딩 용지, 공장용지, 대도시 내 실수요자들이 찾는 전원주택지 정도를 구입해 개발 시점을 기다렸다가 때가 되면 돈을 버는 구조로 가는 방법을 선택한다.

**③ 지방의 토지보다는 도심의 토지를 사라**

지방 부동산은 특별한 호재가 없다면 매도가 자유롭지 못하다. 반면 도심의 부동산은 계속해서 가치가 상승한다.

**④ 최대한 도로와 가까운 토지를 사라**

도로변에서 멀리 있는 토지를 구입하면 실패할 수밖에 없다. 도로가 가까울수록 비싸고, 도로와 멀어질수록 저렴해진다는 것을 명심해야 한다. 땅값은 정직하게 반영된다. 특히 대로변에서 농로를 끼고 1km 이상 들어가는 토지는 개발지 외에는 수요가 거의 없다.

---

⑤ 규제가 나올 때는 시세보다 저렴하게 던져라

토지는 규제강화대책이 발표되면 시간이 지날수록 추가규제로 인해 얼어붙는 경향이 있다. 매수인이 있다면, 시세보다 저렴하게 파는 것도 고려하자.

⑥ 개발 호재가 있는 지역에 투자하라

수천 번을 이야기해도 변치 않는 진실이다. 주택은 개발 호재가 없으면 임대라도 낼 수 있다. 하지만 토지 투자는 개발 호재가 없다면 장기전으로 가야 한다.

⑦ 무리한 투자를 하지 마라

근로소득이 수입 대부분을 차지하는 경우, 스스로 객관화해보길 바란다. 월급만으로 사는 것도 빠듯하다면 토지 투자를 해서는 절대 안 된다.

⑧ 도로와 붙은 토지를 사라

도로와 가까운 토지도 좋지만, 도로와 붙은 토지는 더 좋다. 도로는 토지의 생명줄이다. 여력이 된다면 반드시 도로가 붙은 토지를 사야 한다.

# 양도소득세 절세하는
# 사업용 토지로 만드는 법

국토의 효율적 이용을 위해 국가에서는 모든 토지에 용도를 정하고 있으며, 토지 소유자는 국가에서 정한 용도에 맞게 토지를 이용해야 한다. 토지의 용도는 지목으로 알 수 있다. 만일 용도에 맞지 않게 토지를 보유한다면 비사업용 토지로 보기 때문에 세금에 불이익을 주고 있다. 그래서 국가에서는 법에 정한 요건을 갖추면 사업용으로 인정을 해주어서 양도소득세를 중과하지 않게 된다. 토지는 사업용과 비사업용으로 나뉜다. 보통 비사업용 토지는 사업용 토지 양도소득세의 10%가 중과된다. 비사업용에 대한 양도소득세 중과 기준은 누진세로 탄력세율을 붙이는 것이기 때문에 1년이 되는 시점에 팔면 양도소득세의 단기 중과세를 적용받아 사업용과 비사업용 양도소득세를 따져봤자 실익이 없다. 사업용 토지로 인정받기 위해서는 기본적으로 직선거리 30km 이내 거리에 가족 모두가 거주해야 하고 직접 농업 등에 종사해야 하는 자격 요건이 있다. 농지의 사업용 토지 판정 시 자격 요건은 다음과 같다.

① 농작물의 경작 또는 다년생 식물의 재배에 상시 종사

② 농작업의 1/2 이상을 자기 노동력에 의해 경작 또는 재배하고 자기 노동시간의 1/2 이상 경작 또는 재배에 사용

③ 근로소득(총급여) 및 사업소득(농, 축산업, 임업 및 비과세 농가 부업소득, 부동산임대소득은 제외함)이 연간 3,700만 원 이상이면 해당 연도는 자경기간에서 제외

이 3가지 조건 중 1가지 조건을 만족해야 하는데 투자자이면서 다른 소득이 발생하고 있다면 쉽지 않다. 또한, 사용 기간에 따른 조건도 있기 때문에 경작으로 사업용으로 인정받기 위해서는 여간 까다로운 것이 아니다. 1년에 몇 번만 농사를 짓는다고 해서 사업용으로 인정되는 것은 아니다. 이를 아는 방법은 농사에 필요한 자재나 비료 등을 구입한 내역을 가지고 사업용이냐 비사업용이냐를 판단한다. 그 판단기준은 다음과 같다.

① 양도일 직전 3년 중 2년을 직접 사업(자경)에 사용할 것

② 양도일 직전 5년 중 3년을 직접 사업(자경)에 사용할 것

③ 보유기간 중 보유기간의 60% 이상을 직접 사업(자경)에 사용할 것

필자의 책을 읽는 독자의 대부분은 농업인이 되고자 이 책을 읽는 사람은 없을 것이다. 우선 이러한 방법이 아니어도 사업용으로 인정받는 방법이 있다.

농지인 경우에는 농어촌공사에 위탁하는 방법이 있다. 임대기간은

5년 이상, 재계약은 3년 이상으로 정하고 있다. 농어촌공사에 위탁 시 농지처분명령대상에서 제외되고 사업용 토지로 인정된다. 1년에 한 번씩 수익금도 발생하니 일석이조로 보인다. 임대기간은 5년 이상이 지만 개인 사정상 토지를 팔아야 하는 일이 발생하거나 직접 사용해야 하는 일이 생긴다고 하더라도 이는 경작자와 협의해 언제든 해지할 수 있다. 또 수익성을 판단해 건축해서 매도하게 되면 사업용 토지로 인정된다. 주차장을 만들거나 야적장을 만들어서 수익사업을 하거나 건축을 하더라도 사업용으로 전환이 된다.

임야인 경우에는 양도세가 크다고 생각이 드는 토지일 경우에는 해당 토지 30km 반경 내에 주소를 이전해두면 사업용 토지로 인정이 된다.

나대지의 경우에는 토지 공시지가의 2%가 넘는 금액에 해당하는 건물이 있어야 사업용으로 인정이 된다. 2년 이상 무주택이면서 그 기간 200평 이내의 나대지를 소유하고 있었다면 그것 또한 사업용 토지로 인정된다. 나대지를 주차장으로 활용해도 사업용 토지로 전환되는데 주차장으로 직접 운영해 연 임대수입 금액이 공시지가의 3% 이상인 토지는 사업용 토지로 인정한다. 단 임대차를 쓰고 주차장을 임차인이 운영하는 경우는 제외되기 때문에 목적을 정했다면 목적에 맞는 조건을 알아보고 시작하는 것이 좋다.

이 외에 사업용으로 보는 경우
① 상속으로 취득한 농지를 상속개시일로부터 5년 이내 매도하는 경우
② 직계존속(부모, 조부모 등)이나 배우자가 8년 이상 재촌·자경한 농

지, 임야, 목장용지를 상속·증여받은 경우

③ 2005년 12월 31일 이전에 취득한 종중(宗中)이 소유한 토지

④ 공익사업을 위해 협의 매수·수용되는 토지로서 취득일이 사업인
   정고시일로부터 2년 이전인 토지

앞의 4가지 정도가 있으나 일반 투자자들에게 자주 있는 일은 아니다.

사업용 토지로 만들면 감면 혜택이 있기 때문에 무조건 사업용 토지로 만들어서 팔아야 할까? 내가 경작을 하거나 농어촌공사에 맡긴다면 좋겠지만 이것도 기간이 존재하기 때문에 이를 충족하지 못하게 된다면 다른 방법으로 (건축이나 행위) 사업용 토지로 만드는 경우가 있다. 이는 장단점이 있는데 현장에 있다 보면 사업용으로 전환하는 것이 유리한지, 비사업용 토지로 매도하는 것이 유리한지 그 토지의 특성, 입지에 따라, 양도소득세 구간, 개개인의 상황에 따라 각각 다르다. 비사업용 토지를 사업용 토지로 만들기 위해 투입되는 비용 그리고 예상매도가액(주변 시세와 시장 분위기 파악)을 분석해야 하고 다음 매수인의 수요를 파악해야 한다. 양도소득세 10%를 더 내더라도 비사업용 토지로 매도하는 것이 나은지, 사업용 토지로 전환해서 매도하는 것이 나은지 여부는 세금을 계산해보고 복합적인 요소를 더해서 결정해야 한다.

| 사업용 토지<br>(용도에 맞게 사용하면서 보유) | 비사업용 토지<br>(용도에 맞게 사용하지 않으면서 보유) |
|---|---|
| **농지**(전, 답, 과수원)<br>재촌자경<br>농지은행 위탁 임대(8년 이상) | **농지**(전, 답, 과수원)<br>단순 보유<br>임대경작 |
| **임야**<br>주거(연접) 시·군·구 지역 소유<br>주거지로부터 30km 이내 소유 | **임야**<br>주거지로부터 30km 밖 소유 |
| **대지**<br>건물이 있음.<br>무허가주택<br>주차장 | **대지**<br>건물이 없음(나대지).<br>무허가 비주거용 건물 |
| ※ 3년 중 2년 이상, 5년 중 3년 이상, 토지 보유 기간의 60% 이상 사업용으로 사용해야 함. | **잡종지** |

[자료 5-10] 사업용 토지 vs 비사업용 토지의 구분 | 출처 : 저자 작성

**[양도소득세 기본세율 변경]**

| 구분 | 과세표준 | | | 세율 | 누진공제액 |
|---|---|---|---|---|---|
| 2022년 기본세율 (8단계 누진세율) | | ~ | 1,200만 원 이하 | 6% | - |
| | 1,200만 원 초과 | ~ | 4,600만 원 이하 | 15% | 1,080,000원 |
| | 4,600만 원 초과 | ~ | 8,800만 원 이하 | 24% | 5,220,000원 |
| | 8,800만 원 초과 | ~ | 1.5억 원 이하 | 35% | 14,900,000원 |
| | 1.5억 원 초과 | ~ | 3억 원 이하 | 38% | 19,400,000원 |
| | 3억 원 초과 | ~ | 5억 원 이하 | 40% | 25,400,000원 |
| | 5억 원 초과 | ~ | 10억 원 이하 | 42% | 35,400,000원 |
| | 10억 원 초과 | ~ | | 45% | 65,400,000원 |

| 구분 | 과세표준 | | | 세율 | 누진공제액 |
|---|---|---|---|---|---|
| 2023년 기본세율 (8단계 누진세율) | | ~ | 1,400만 원 이하 | 6% | - |
| | 1,400만 원 초과 | ~ | 5,000만 원 이하 | 15% | 1,260,000원 |
| | 5,000만 원 초과 | ~ | 8,800만 원 이하 | 24% | 5,760,000원 |
| | 8,800만 원 초과 | ~ | 1.5억 원 이하 | 35% | 15,440,000원 |
| | 1.5억 원 초과 | ~ | 3억 원 이하 | 38% | 19,940,000원 |
| | 3억 원 초과 | ~ | 5억 원 이하 | 40% | 25,940,000원 |
| | 5억 원 초과 | ~ | 10억 원 이하 | 42% | 35,940,000원 |
| | 10억 원 초과 | ~ | | 45% | 65,940,000원 |

**[장기보유특별공제]**

| 보유 기간 | 장기보유특별공제 | 보유 기간 | 장기보유특별공제 |
|---|---|---|---|
| 3년 이상 | 6% | 10년 이상 | 20% |
| 4년 이상 | 8% | 11년 이상 | 22% |
| 5년 이상 | 10% | 12년 이상 | 24% |
| 6년 이상 | 12% | 13년 이상 | 26% |
| 7년 이상 | 14% | 14년 이상 | 28% |
| 8년 이상 | 16% | 15년 이상 | 30% |
| 9년 이상 | 18% | | |

[자료 5-11] 양도세율과 장기보유특별공제(토지 양도소득세) | 출처 : 국세청 홈택스

양도소득세는 1년 미만 보유 시 50%, 1년 이상 2년 미만 보유 시 40%를 내야 하기 때문에 토지의 단기 매도 시, 큰 차액을 남긴 것이 아니라면 양도소득세에서 상당히 불리하다. 2년 이상 보유를 하게 되면 6%부터 45%까지로 과세표준에 따라 양도 소득세는 달라진다([자료 5-11] '양도소득세 기본세율 변경' 참고).

2023년 1월 이후로 세율은 같지만, 과세표준 금액이 다소 변경되었다. 비사업용 토지는 앞의 세율에서 10% 중과되니 알아두시면 좋을 듯하다. 양도 차액이 크다면 사업용 토지로 세금을 줄이는 방법을 연구하면 더 큰 차액을 가지고 갈 수 있다.

# 토지 투자에서 중요한 것은
## 타이밍이다

　땅 투자에 성공하기 위해서는 지역의 개발과 발전 가능성을 눈여겨보면서 입지분석을 철저히 해야 한다. 묻어두기 식의 투자보다는 환금성이 높은 토지를 구입해야 한다. 토지는 개발 이슈별로, 단계별로 진행되는 과정에서 매수 타이밍이 결정된다. 보통 토지 가격이 오르는 시기는 다음과 같다.

　① 공사 발표 시 1차 상승
　② 착공 시 2차 상승
　③ 준공 시 3차 상승이 일어난다.

　이렇듯 토지를 개발할 때 세 번 토지의 가격이 오른다고 해서 '토지 삼승법칙'이라고 한다. 개발계획이 발표되었을 때, 착공되었을 때, 완공되었을 때 3단계에 걸쳐서 땅값이 상승하는 것을 말한다. 토지 가격은 상승할 수 있는 호재가 나타났을 때 급격하게 상승하고, 다시 보합

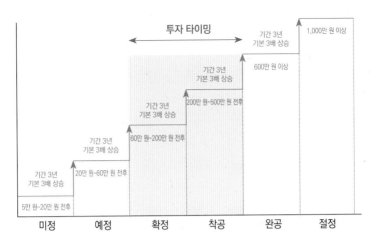

[자료 5-12] 토지의 삼승법칙 | 출처 : 저자 작성

세에 있다가 급등하는 양상을 되풀이한다.

그래프에서도 나타나듯 기간이 소요되는 사업이라 꾸준히 토지 가격이 올라간다. 3번의 폭등기를 걸치며 상승하는 토지 투자는 개발계획 발표단계가 최적의 타이밍이라고 볼 수 있다. 발표단계에서 산 후, 착공단계에 파는 것이 좋다.

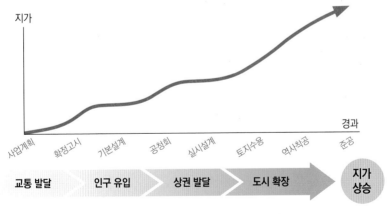

[자료 5-13] 지가상승곡선 | 출처 : 저자 작성

이 현상은 지방에 고속도로나 국도가 새로 뚫리는 경우, 수도권 광역 지하철망이 연장되는 경우, 도시에 지하철역이 개통되는 경우 등에 그 효과가 외형적으로 확실하게 나타난다. 늘 토지 삼승법칙이 적용된다. 지금 시점이 어떤 단계인지 살피고, 투자 시점을 잡는 것이 좋다.

[자료 5-14]는 역세권 토지 개념과 지가상승곡선을 도표화한 것이다. 교통이 발달하면, 인구가 유입되고, 인구가 유입되면 상권이 발달하면서 도시가 확장된다. 이것이 토지 가격을 상승시키는 또 하나의 원인이 된다.

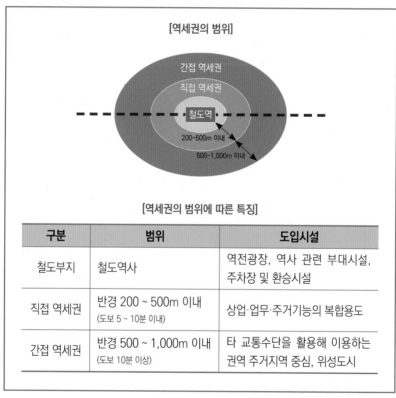

**[역세권의 범위]**

**[역세권의 범위에 따른 특징]**

| 구분 | 범위 | 도입시설 |
|---|---|---|
| 철도부지 | 철도역사 | 역전광장, 역사 관련 부대시설, 주차장 및 환승시설 |
| 직접 역세권 | 반경 200 ~ 500m 이내 (도보 5 ~ 10분 이내) | 상업·업무·주거기능의 복합용도 |
| 간접 역세권 | 반경 500 ~ 1,000m 이내 (도보 10분 이상) | 타 교통수단을 활용해 이용하는 권역 주거지역 중심, 위성도시 |

[자료 5-14] 역세권 토지 개념과 지가상승곡선 | 출처 : 저자 작성

## 역세권 토지

역세권의 정의는 지역에 따라 조금씩 다르지만, 일반적으로 역에서 500m까지를 1차 역세권, 1km까지를 2차 역세권으로 구분한다. 최근에는 철도역사예정지 인근 주변으로 도시개발이 함께 이루어지는 경우가 많다. 이럴 경우에는 상가가 끝나는 지점까지 1차 역세권, 도시개발단지 전체를 2차 역세권으로 보면 될 것이다. 보통은 지하철역과 기차역, 버스 정류장이 한꺼번에 몰려 있는 곳이 투자로 적합한 지역이다. 특히 역세권 입구 50m는 노른자 토지라고 보면 된다. 외곽의 상업지역 역세권의 토지도 평당 500만 원 이상 가게 된다. 보통은 신규 철도와 신규 도로가 새로 생기는 곳에 적용되는 법칙인데, 아무 땅이나 사게 되면 어려움에 처한다. 따라서 먼저 투자 목적을 분명히 하는 것이 좋다. 전원주택용인지, 공장용인지, 상업용인지, 농업용인지 등을 정해야 한다. 투자 목적에 따라 위치 및 용도가 다르기 때문이다. 이를 간과하면 땅을 보러 다니기가 어려워진다. 철도 건설 절차별 세부 업무 사업개요, 추진현황, 공고공람, 기본계획, 노선 설명회 등을 참고하면 토지 투자의 적기를 파악할 수 있다.

## 도로변

토지 가격을 상승시키는 요소로 도로, 즉 도로변을 주목해야 한다. 물론 도로 주변이라고 해서 땅의 모양과 도로 접함 유무만 가지고 도로 허가를 모두 내어주지는 않는다. 일부 되는 것이 있을 수 있고, 안 되는 경우가 있고, 도로변 맹지인 경우도 있다. 하지만 도로가 뚫리면 땅값이 오른다는 이야기는 들어봤을 것이다. 신설 도로변 땅은 상대적으로 개발계획이 뚜렷하고 저평가되어 활용 용도가 많다. 도로변은 상가를 신축해 임대수익을 얻을 수 있다. 주유소, 병원, 음식점, 사옥, 창고 등 다양한 용도 활용도 가능하니 신설도로망을 눈여겨보는 것이 좋다. 고기도 먹어본 사람이 그 맛을 안다고 토지로 수익을 창출해낸 사람은 계속 토지를 구입한다. 어쩌면 당연한 이치일지도 모른다.

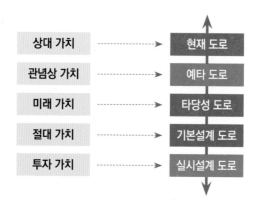

[자료 5-15] 도로에 따른 토지의 가치 | 출처 : 저자 작성

누구나 처음은 있고, 시행착오도 겪게 된다. 기획 부동산 회사 때문에 낭패를 겪는 경우도 있다. 기획 부동산 회사는 개발 호재가 있는 곳의 못 쓰는 임야를 보통 싸게 경매로 낙찰받거나, 구입을 해서 지분으로 넘기는 방식을 많이 취한다. 그래서 모르는 사람들과 지분으로 얽혀 있다 보니 팔지도 못하고 후회만 하는 경우도 많다.

하지만 전국에는 많은 토지가 있고, 개발 호재가 다양하다. 우리나라 땅값이 50년 동안 3,030배가 올랐다고 한다. 이런 가운데 우리는 과연 어떤 토지를 사야 할까? 이 질문에는 "오로지 현장이 답이다"라는 말로 대체할 수 있을 것 같다. 토지는 참 재미있는 분야다. 아파트는 아파트 자체로 사용할 수 있지만, 토지는 퍼즐처럼 분할 합병을 해

가면서 개발 행위로 다양한 작품을 창출해낼 수 있기 때문이다. 보통 토지는 다른 투자처를 경험하고 오는 경우가 많고, 토지를 사는 사람의 대부분은 자산 가치가 어느 정도 있는 분들이 많다. 하지만, 초보라고 해서 못 할 것도 없는 투자이니 하루라도 빨리 접해서 부의 지름길로 입성하길 바란다. 토지를 보는 안목을 키우는 것은 현장에 답이 있지만, 현장만 본다고 해서 답이 나오지도 않는 것이 토지다. 누가 데리고 다니면서 일일이 알려 주지 않는다. 내가 안목을 길러 판단하는 것이 좋다.

특히나 초보들이 가장 많이 하는 실수 중 하나는 주변 지인에게 물어보거나, 아파트 전문 부동산 중개사무소에 물어보고 투자 자문을 받는 것이다. 또는 타지에 있는 집 앞 중개사무소에 가서 물어 보기도 한다. 부동산은 보통 전문 분야가 있고, 지역성이 강하기 때문에 그 지역에서 활동하는 사람이 아니라면 그 토지에 대해 답변하기가 어렵다. 또한, 그 지역 전문가에게 가서 물어본다고 해도 솔직하게 이야기해주는 사람도 많지 않다. 여기저기 물어본다는 것은 본인의 기준점이 없기 때문이다. 그것은 확신과도 같은 말이다. 실제 투자하는 토지는 농경지인 경우가 대부분이기에 처음에 임장을 가면 눈에 들어오지 않는 것도 사실이다. 이런 곳에 가면 도심과는 사뭇 다른 느낌에 '어떻게 투자할까? 이곳이 어떻게 개발될까?'를 생각하며 가슴이 답답해지기도 한다. 이 땅이 좋은 땅인지, 안 좋은 땅인지 명확한 기준점이 없어서 갈등할 수밖에 없다. 이미 개발이 진행된 곳들은 토지 투자에서 분양 시장으로 넘어간 곳들이다. 토지 시장이 끝나면 하나둘 건물이 들어서기 시작한다.

산업단지나 교통망이 들어오고, 상가 분양을 하고 아파트 분양을 하게 된다. 상가와 아파트를 짓는 것이 눈에 보이기 시작하면, 이미 토지 투자 시장에서는 그 가치가 반영되어 비싼 값을 주고 사야 한다. 그전에 개발 호재와 예정되어 있는 계획을 보고 토지 투자를 하는 것이 일반적이다. 호재가 있는 곳에 제대로 된 땅을 사면 땅값은 떨어지지 않는다. 물론 전국에 있는 아무 땅이나 사라는 것이 아니다. 개발 호재가 있는 곳, 수요가 많은 곳, 교통과 대규모 산업단지 개발로 인해 인구가 증가할 곳을 중점적으로 보고 그곳에 집중하는 것이 좋다. 그렇다고 지방의 중소산업단지나 큰 호재 없는 IC가 개통한다고 해서 구입해서는 안 된다. 호재로 이야기하면 역세권, IC 개통, 신공항 발표, 대규모 산업단지 등이 있다. 하지만 우리 집 옆에 IC 하나 개통한다고 그 동네가 뒤집히는 것이 아니다. 어떻게 연결이 되느냐를 봐야 한다.

[자료 5-16]의 수도권 제2외곽순환고속도로는 화성 봉담을 기준으로 송산, 안산, 인천, 김포, 파주, 양주, 포천, 남양주, 양평, 이천, 용인, 오산으로 순환하는 고속도로다. 이 도로는 서울을 전혀 지나가지 않는 그야말로 수도권을 순환하는 고속도로다. 이미 개통한 구간도 있고, 착공해서 공사가 진행 중인 구간도 있다. 여기서 중요한 것은 IC가 어디에 개설되는지를 알아야 한다. IC 주변 땅값은 토지 삼승법칙에 따라 움직일 테지만, IC가 생기는 주변의 모든 땅값이 상승하는 것은 아니니 주의해야 하는 것도 잊지 말자.

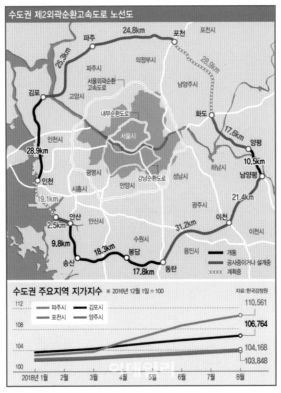

[자료 5-16] 수도권 제2외곽순환고속도로 노선도와 주요지역 지가지수 | 출처 : 이데일리

"길 따라 토지 투자하라"라는 말이 있다. 아마도 길을 따라 투자하면 손해 보지 않는다는 말을 이렇게 표현했을 것이다. 뚫리는 길을 따라 사람들이 몰려들고, 땅값은 오를 것이다. 도로 주변의 토지가 투자 1순위로 꼽히는 이유다. 토지 투자에서 도로나 지하철은 돈이 따라오는 만큼 투자할 때 꼼꼼하게 살펴보는 것이 좋다. 투자의 기회는 언제나 있다. 단, 실행력이 필요할 뿐이다.

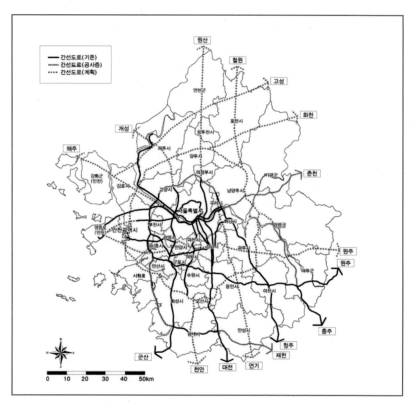

[자료 5-17] 간선도로 | 출처 : 서울정보소통광장

# 토지 투자에서
## 실패하지 않는 기법

토지 투자가 처음이어도 걱정할 것은 없다. 시작이 반이다. 다음의 사항만 유의해도 시작의 반은 넘은 것이다.

① **타이밍 설정에 유의하라.**

　　같은 개발 호재여도 지역마다 매도와 매수 타이밍이 다르다.

② **언론을 맹신하지 마라.**

　　언론은 후발 주자다. 도시 기본 계획은 오래전에 나와 있었다.

③ **지인의 말을 너무 믿지 마라.**

　　지인이 전문가보다 더 잘 알았으면 부동산 중개를 하고 있을 것이다.

④ **학습과 경험이 없는 묻지 마 투자는 자제하라.**

　　기획 부동산 회사에 스스로 걸어 들어가는 꼴이다.

⑤ **권력을 맹신하지 마라.**

　　경제 자유 구역, 기업 도시 등이 들어온다는 이야기를 듣고 구입하면 안 된다. 보통 이러한 사업은 장기전이다.

⑥ **결정 장애를 뛰어넘어라.**

공부하고 기회가 왔을 때, 과감한 결정이 필요하다.

⑦ **저렴한 것만 찾지 마라.**

싸고 좋은 것은 없다.

토지 투자에서 실패하지 않으려면 첫째, 토지 투자에 성공하기에 앞서 우선은 내 집 마련을 통한 부동산 투자 경험을 쌓으라고 하고 싶다. 초보자의 부동산 투자는 주택부터 시작해야 한다. 주택을 투자한 뒤에 토지에 투자해도 늦지 않다.

둘째, 아는 만큼 보인다. 시중에 나와 있는 부동산 관련 서적은 다 읽어보는 것이 좋다. 읽다 보면 중복되는 것이 생기고, 책을 보면 모르는 내용보다 아는 내용이 더 많아질 때가 온다.

셋째, 부동산 정보를 꾸준히 알아보자. 공공기관과 연구 기관 홈페이지를 열람해서 공부하고 행정 계획을 통해 미래 가치가 높은 지역을 선점하자. 부동산 신문을 보고, 일상에서 부동산과 함께해야 감을 잃지 않는다.

넷째, 부동산 투자 전략을 세우는 것이 중요하다. 부동산 투자 성공은 다른 데 있지 않다. 철저한 계획과 준비만이 최선이다.

다섯째, 전문가 비용을 아끼지 말아야 한다. 책, 강의, 컨설팅 비용을 아끼지 말고 투자해야 한다. 알아야 전문가와 상담할 수 있다.

**Tip**  토지 가격을 결정하는 6가지 요인

① 지역과 행정 구역

② 입지와 접근성

③ 땅값의 전망과 개발 가능성의 변화

④ 물리적 현황과 주변 환경

⑤ 땅의 용도와 이용 가능성

⑥ 지목, 용도지역 등 공법적 규제

# 토지 투자
# 현장답사 요령

 토지를 투자하기에 앞서 도서, 강의, 컨설팅 등을 통해 충분히 공부하고, 인터넷에서 정보를 검색하며 현장의 중개사무소 소장님에게 전화하는 등 손품을 팔았다면, 이제는 발품이다. 부동산 투자에서 아무리 강조해도 지나치지 않은 것이 발품이다. 토지 투자 현장답사 요령은 다음과 같다.


### ① 토지를 볼 때 목적을 갖자.

 막연히 토지를 보기보다는 내가 사서 개발을 할 것인지, 보유 후 토지를 팔 것인지를 정해야 한다.


### ② 토지의 물리적 현황을 살피자.

 현장에 가서 지적도와 도로가 일치하는지, 경계 지점은 어느 정도 되는지를 살펴보자.


### ③ 토지의 주변 환경을 보자(지역 분석).

 토지 주변에 혐오 시설(철탑)이 있는지 살핀다. 목장 주변에도 개발 사업을 통해 아파트나 공단을 만드는 경우도 많다. 가능한 혐오 시설이 없는 곳을 선택하는 것이 좋다.

④ **토지의 위치와 도로, 접근성을 파악하자**(개발 행위와 인허가).

거시적으로 이 토지의 위치가 IC와 몇 분 거리인지, 산업단지가 얼마나 떨어져 있는지, 주변에 어떤 용도의 건물이 많은지 살핀다.

⑤ **권리관계를 파악하자.**

등기부등본상 서류를 검토해 토지주와 등기부가 일치하는지 확인하고, 토지 대장도 함께 열람하는 것이 좋다. 등기부와 토지 대장의 면적이 다른 경우는 토지 대장의 면적을 따라가면 된다.

⑥ **공법적 규제를 파악하자**(용도 파악).

용도에 따라 건물을 지을 수 있는 면적과 용도가 정해진다. 내가 짓고자 하는 면적과 용도에 따라 지적도를 열람해 참고한다.

⑦ **개발 가능성과 전망을 보자**(미래 가치).

앞으로 주변에 어떤 계획이 있는지, 도로 계획 및 산업단지, 도시 개발 사업 등을 확인해 개발 가능성이 있는 입지를 선정해야 토지 투자에 실패가 없다.

⑧ **목적에 적합한 토지를 선택하자.**

나에게 맞는 토지를 찾았다면 계약하면 된다. 보통 전, 답, 과수원은 농지로 취급하기 때문에 농지취득자격증명을 발급받아야 등

기할 수 있으며, 면사무소나 행정복지센터에 방문하면 발급할 수 있다. 단, 규제가 심한 지역의 경우 농취증 발급이 반려될 수 있으니 구입 전, 농취증 발급 여부를 알아보는 것이 좋다.

토지는 방향에 따라 토지의 특성이 달라진다. 북서각은 햇살이 비치지는 않아도 북측의 사선제한 규제를 받지 않아 외관이나 디자인 등의 제약이 적어 다가구주택 신축업을 할 때 많이 찾는 방향이다. 중앙에 있다면 주위 토지로 둘러싸여 있기 때문에 불리하기도 하다. 하지만, 실내 배치 능력에 따라 가격이 달라질 수 있다.

서남각은 동남각 토지와 함께 건물 형태 및 방향 등에서 어느 정도 자유롭다. 동남각은 가장 이상적인 토지기에 설계에서 자유로운 편이다. 주택에 거주하고자 하는 사람은 남향쪽을 원하지만, 건축에서는 북향이 수익률이 높다. 따라서 나에게 맞는 좋은 토지만 찾자면 매우 어려울 것이다.

평당 가격은 정직하게 반영되어 있다고 보면 된다. 토지의 형상을 이해해 자신에게 맞는 토지를 살펴보는 것이 좋다. 지반도 유심히 봐야 하는데 하천이나 습지 같은 조성지는 지반이 약할 수 있어, 때에 따라서는 지반 측정과 개량을 해야 할 필요도 있다. 또한, 배수가 나쁜 땅은 태풍이나 호우기에 물이 고이기도 하고, 지반 침하의 우려가 있다. 절벽 아래의 토지나 주변에 큰 강이 있다면, 태풍이나 폭우로 손해를 입을 수 있기 때문에 과거 피해 상황을 확인해서 피해가 발생한 지역이었다면 투자하지 않는 것이 좋다.

# 토지 투자
# 유망 지역 Top 3

　지역으로 짚어서 이야기하면 경기도, 제주도, 새만금이나 당진과 같은 서해안, 강원도 일부 정도가 외지 투자자들 사이에서 가장 활발한 토지 투자처라고 할 수 있다. 물론 이 지역에서도 핵심 지역이 존재한다. 핵심 지역은 그만큼 가격이 반영되어 있고, 핵심 지역을 벗어난 곳은 저평가가 되어 있을 것이다.

　1순위로 추천하는 지역은 경기권이다. 경기권 외의 지역은 범위가 넓은 감이 있다. 토지의 범위가 넓다는 것은 희소성이 적다는 이야기이고, 희소성이 적다는 이야기는 땅값 상승이 더딜 수밖에 없다는 것을 의미한다. 시간이 지날수록 지역의 양극화는 더 벌어지게 되어 있다. 특히 지방에는 소멸 도시가 생기는 반면 서울과 수도권에 사람이 모이는 현상이 발생한다. 개발 호재가 없으면 10년, 20년이 지나도 가격이 그대로일 수 있다. 외지 투자 수요가 없으므로 오랫동안 안 팔릴 수도 있기 때문이다. 땅을 보는 혜안이 없다면 개발지에 들어가더라도 잘못 사서 물리게 된다. 또한, 실행력이 없다면 좋은 땅을 구했으나 쉽게 계약하지 못한다. 많은 이유가 있겠지만 구입을 망설이는 대표적인 예를 들어 보겠다.

① 내가 토지를 투자할 만큼의 여력이 없는 경우
② 잘 모르다 보니 좋은지, 나쁜지 판단이 안 되는 경우
③ 너무 많은 토지를 보니 선택지가 많아서 오히려 혼동이 와서 못 사는 경우
④ 토지가 나을까, 다른 분야가 나을까 재는 경우
⑤ 더 좋은 땅이 나올까 봐 기다리는 경우

이보다 더 다양한 이유가 있겠지만, 안목을 갖춘 이후에는 망설일 이유가 없다. 그렇다면 왜 경기도권 토지를 추천하는가? 아직 경기도권에서 개발이 진행 중인 곳을 심심치 않게 볼 수 있다. 이미 개발이 이루어진 곳은 비싼 값을 주고 사야 한다. 하지만 이 책을 보고 있는 독자 대부분은 저평가된 지역을 알고 싶을 것이다. 이미 주변에 역이 들어와 있거나 아파트 신축 현장이 보인다면 토지 투자로는 늦은 감이 있다고 봐야 한다. 발 빠른 투자자가 이미 선점해둔 경우가 많기 때문이다. 경기도 중에서는 어디를 중점적으로 투자해야 할까? 우선 서울을 둘러싼 경기권의 토지는 대부분 그린벨트로 묶여 있어 일반인이 투자하기 쉽지 않다.

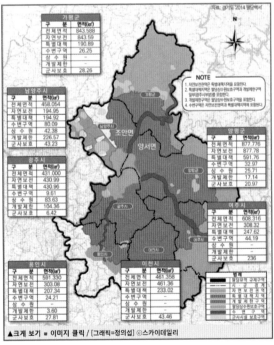

[자료 5-18] 경기도 개발제한구역 및 팔당 유역 규제 | 출처 : 국토교통부, 스카이데일리

개발제한구역(그린벨트)이란 도시의 무질서한 확산을 방지하고 도시 주변의 자연환경을 보전해 도시민의 건전한 생활환경을 보호하기 위해 도입된 제도다. 공공시설이나 선형시설 등 불가피한 경우를 제외하고는 시설 입지를 엄격히 제한하는 제도이기 때문에 개발제한구역이 아닌 곳을 찾는 것이 좋다. [자료 5-18]의 상단 지도를 보면 연두색 표시로 된 곳이 개발제한구역이다. 연두색을 빼고 나면 남은 경기권 투자처는 몇 곳 되지 않는다. 그린벨트 투자니 DMZ 국경 투자라고 해서 국경 지역 인근에 투자하기도 한다. 하지만 여기서는 보편적으로 투자하는 지역, 경기도권에서 그린벨트 및 토지허가구역 같은 규제가 없는 지역 중 개발 호재가 풍부한 몇 곳을 소개하겠다.

[자료 5-18]의 상단 지도를 보면, 경기 남부의 평택, 안성, 이천, 여주가 있을 것이다. 아무래도 화성이나 오산, 용인처럼 인구가 많고, 일거리가 많은 곳 인근을 택하는 것이 좋을 것이다. 그중에서도 강원권과 붙은 토지보다는 화성 오산, 용인과 접한 평택과 안성이 좋아 보인다. 이천과 여주는 '상수원보호구역'의 규제로 허가가 까다로워 다양한 업종의 공장 허가가 쉽지 않다. 즉, 공장이 없다면 인구 유입이 없다는 뜻이다. 인구 유입이 없다는 것은 수요가 없기에 땅값이 늦게 올라가고, 주변 개발이 늦어진다는 것을 의미한다. 일거리가 풍부하고 인구가 유입되어야 주변 상권이 살아나고 주택이 살아난다. 하지만 일거리가 없는 곳은 한계가 명확하다.

규제받지 않으면서 아직 저평가된 곳, 그러면서도 대기업과 철도가 들어오는 곳, 국가산업단지로 비용을 투입하는 곳 세 군데를 알려드리도록 하겠다. 이 세 군데는 경기도 평택, 안성, 화성이다. 용인은 원삼 SK하이닉스 반도체 공장이 예정되어 있어 이미 보상이 나간 상황이다. '땅값이 많이 오르지 않았을까? 일반 서민도 투자할 수 있을까?'라고 의구심을 갖지 말고 임장을 통해 알아보자. 아직 레버리지를 활용해 큰돈 없이 투자할 수 있는 곳도 제법 있다. 먼저 이 세 군데 중 최근 가장 높은 관심을 받는 안성 지역을 눈여겨보길 바란다.

## 추천 지역 1. 경기도 안성시

### 호재 (1) 서울 세종 간 고속도로(제2경부고속도로) 안성 구간 IC 4개 신설 예정(2024년 완공 예정)

제2경부고속도로란 기존에 있던 경부고속도로의 상습 정체로 인해 새로 생기는 고속도로다. 위치는 경부고속도로와 중부고속도로 사이에 생기게 되며, 구간은 기존에 개통된 포천 ~ 구리 구간에서 경기도 하남과 서울특별시 강동구를 지나 남한산성을 지하터널로 관통하고, 경기도 광주시, 용인시, 안성시를 지나 충남 천안시를 통과한 뒤 세종특별자치시까지 이어지는 수도라인이라고 보면 된다. 이 고속도로는 평택 제천 간 고속도로와도 직접 연결이 되기 때문에 각 고속도로를 더 편리하게 이용할 수 있게 된다. 총사업비 8,966억 원이 투입되는 사업으로, 기존 경부고속도로와 중부고속도로의 교통체증을 50% 이상 해소할 수 있을 것으로 전망된다.

그동안 낙후되었던 경기도 안성시의 가장 큰 호재는 [서울-안성-세종]까지 이어지는 고속도로다. 무려 신설 고속도로가 4개나 신설된다. 고속도로 4개의 IC가 신설되면서 서울과의 접근성이 40분대로 빨라질 것으로 보인다. 제2경부고속도로는 128km의 길이로 신설되며

2024년 완공 예정이다. 보통 이런 대규모 사업은 예정일보다 늦춰지는 경우가 있어 조금 더 늦어질 수도 있다. 또한, 안성에는 크고 작은 호재들이 많다. 제2경부고속도로는 기존 고속도로와 다른 차별화된 점이 있는데, ICT(정보통신기술)가 융합된 스마트 하이웨이를 구축해 사고 발생률을 줄이고, 각종 첨단 고속도로 기법이 적용되는 고속도로다. 산업단지가 예정된 곳이 많아서 그로 인해 인구가 유입되면서 다양한 인프라가 생기고, 좋은 환경이 만들어질 예정이다.

[자료 5-19] 서울 세종 간 고속도로 노선도 | 출처 : 국토교통부

## 호재 (2) 수도권 내륙선

수도권 내륙선은 경기도 동탄시에 설치된 고속철도인 동탄역에서 안성-진천국가대표선수촌-충북혁신도시-청주국제공항으로 연결하는 광역철도로 구성되는 라인이다.

2021년 6월 29일 '제4차 국가철도망 구축계획'에 수도권 내륙선이 포함되었다. 수도권 내륙선은 안성의 새로운 시작이자 가능성을 열어주며 주목받고 있으나 아직 노선을 어떠한 형태로 운영할지는 정해진

바가 없다. GTX-A노선 연장 등이 거론되고 있으나 우선 서울까지 연결되는 GTX 노선이 완료되어야 이곳까지 연장하지 않을까 예상한다. 만약 수도권 내륙선이 신설된다면, 화성 동탄역에서 안성과 청주 공항까지 78.8km를 34분 만에 이를 수 있다고 한다. 경기도 안성은 수도권에서 유일하게 철도가 없는 지역이다. 예전에 '안성선'이라는 철도가 있었다고 한다. 하지만 1989년 폐선을 했고, 아직 '철도부지'로 되어 있는 토지들은 있으나 실사용은 농사를 주로 하고 있다. 현재 수도권에 유일하게 철도가 없는 곳인 안성은 철도 유치를 위해 여러 방면으로 애쓰고 있다.

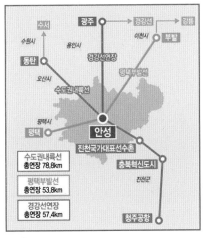

[자료 5-20] 수도권 내륙선 | 출처 : 국토교통부

## 호재 (3) 평택부발선

평택부발선이란 경기도 평택시에서 경기도 안성시를 지나 경기도 이천시까지 잇는 노선이다. 알려진 사항은 평택안성선보다 적지만, 제4차 국가철도망 구축계획에는 이 노선이 올라가 있다. 계획에 따르면

53.8km의 단선 지하철로 지어질 예정이다. 원래 이 노선의 계획은 평택원주선으로 부발역에서 경강선과 합류하고, 현재 경강선의 종점인 여주역을 시작으로 해서 원주까지 잇는 노선이다. 하지만 여주-원주선이 더 먼저 추진되고 있기에 평택-부발선은 현재 계획만 있다. 설사 추진된다고 하더라도 이미 타당성 조사에 통과한 여주-원주선의 개통 연도가 2024년이니 이 노선은 2030년 정도는 되어야 완공할 수 있을 것으로 보인다. 또한, 평택역을 분기점으로 삼아 평택선과도 직결되면 포승역까지도 이어질 수 있을 것으로 보인다.

[자료 5-21] 평택 부발선 예상 노선도 | 출처 : 경인일보

서정리역에서 출발해 고덕신도시를 지나 평택지제역을 거쳐 안성으로 들어가는 평택안성선과는 달리, 이쪽은 일반철도인 평택선에서 출발한다. 또한, 평택안성선은 경지하철로 추진되는데, 평택부발선은 단순한 경지하철 노선이 아니라 일반철도로 추진된다. 평택안성선은 개통 후 평택부발선과 연계하는 방식으로 추진될 확률이 높다.

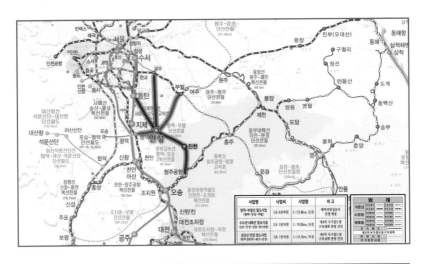

| 정거장명 | 위치(STA) | 역간거리 | 정거장형식 | 입지현황 |
|---|---|---|---|---|
| 101 | 0km 035 | – | 고가2층 | 서정리역(경부선) |
| 102 | 1km 361 | 1,326 | 지상 | 고덕신도시(주거지역) |
| 103 | 2km 430 | 1,069 | 지상 | 고덕신도시(상업지역) |
| 104 | 3km 755 | 1,325 | 지상 | 고덕신도시(상업지역) |
| 105 | 4km 910 | 1,155 | 지상 | 고덕신도시(상업지역) |
| 106 | 6km 640 | 1,730 | 지상 | 고덕신도시(산업단지) |
| 107 | 7km 790 | 1,150 | 지상 | 고덕신도시(산업단지) |
| 108 | 10km 020 | 2,230 | 지상 | 지제역(경부선) |
| 109 | 12km 804 | 2,784 | 지상 | 검찰청 입구사거리 |
| 110 | 14km 731 | 1,927 | 지상 | 비전사거리 |
| 111 | 18km 004 | 3,273 | 고가2층 | 주은교차로 |
| 112 | 21km 198 | 3,194 | 고가2층 | 금호어울림 아파트 앞 |
| 113 | 23km 810 | 2,612 | 지상 | 롯데마트 |
| 114 | 26km 251 | 2,441 | 지상 | 중앙대학교 안성캠퍼스 정문 |
| 115 | 28km 998 | 2,747 | 지하2층 | 안성의료원 앞 삼거리 |
| 116 | 30km 253 | 1,255 | 지하2층 | 서안사거리 |
| 117 | 31km 202 | 949 | 지하2층 | 봉산로터리 |
| 118 | 32km 510 | 1,308 | 지상 | 안성종합버스터미널 |

[자료 5-22] 평택안성선과 정거장명 | 출처 : 안성시

평택과 안성에는 미니 신도시가 많다. [자료 5-22]는 서정리역에서 고덕신도시를 걸쳐 SRT(Super Rapid Train)가 있는 지제역을 지나 평택과 안성의 미니 신도시를 지나 이를 관통해 안성종합버스터미널까지 연결된다. 안성종합버스터미널은 안성시청과 신도시와 구도시가 모여 있는 곳으로 안성 시내권이라고 볼 수 있다.

또한, 이곳은 제2경부고속도로 안성구간(안성맞춤IC)이 개통되면, 안성터미널은 환승역 형태로 바뀔 가능성도 있다. 안성버스터미널은 복합개발을 계획하고 있으며, 여느 도심에서 보듯이 버스터미널은 보통 쇼핑몰과 연계해 철도 및 버스까지 환승할 수 있는 곳으로 탈바꿈되는 곳이 많다. 안성 또한 안성역과 고속도로를 연계해 개발될 가능성이 클 것으로 보인다.

### 고속철도

| 구분 | 노선명 | 사업구간 | 비고 |
|------|--------|----------|------|
| 1 | 경부고속선 | 수색 ~ 금천구청 | |
| 2 | 경부고속선 | 광명평택선 | |
| 3 | 서해선 ~ 경부고속선 연결 | 평택연결선 | |

### 일반철도

| 구분 | 노선명 | 사업구간 | 비고 |
|------|--------|----------|------|
| 1 | 평택부발선 | 평택 ~ 부발 | |

### 광역철도

| 구분 | 노선명 | 사업구간 | 비고 |
|------|--------|----------|------|
| 1 | 서부권 광역급행철도 | 장기 ~ 부천종합운동장 | |
| 2 | 용문 ~ 홍천 광역철도 | 용문 ~ 홍천 | |
| 3 | 동탄 ~ 청주공항 광역철도 | 동탄 ~ 청주공항 | |

| 구분 | 노선명 | 사업구간 | 비고 |
|---|---|---|---|
| 4 | 별내선 연장 | 별내역 ~ 별가람 | |
| 5 | 위례삼동선 | 위례 ~ 삼동 | |
| 6 | 분당선 연장 | 기흥 ~ 오산 | |
| 7 | 일산선 연장 | 대화 ~ 금릉 | |
| 8 | 인천 2호선 연장 | 인천 서구 ~ 고양 일산 서구 | |
| 9 | 강동하남남양주선 | 강동 ~ 하남 ~ 남양주 | |
| 10 | 송파하남선 | 오금 ~ 하남시청 | |
| 11 | 대장홍대선 | 부천대장 ~ 홍대입구 | |
| 12 | 제2경인선 | 청학 ~ 노온사 | |
| 13 | 위례과천선 | 복정 ~ 정부과천청사 | |
| 14 | 신구로선 | 시흥대야 ~ 목동 | |
| 15 | 신분당선 서북부 연장 | 용산 ~ 삼송 | |
| 16 | 고양은평선 | 새절 ~ 고양시청 | |
| 17 | 신분당선 | 호매실 ~ 봉담 | |

[자료 5-23] 고속철도, 일반철도, 광역철도 | 철도산업정보센터

## 호재 (4) 경강선 연장(검토 중)

현재 판교에서 삼동역까지 연결되어 있던 경강선을 경기도 광주와 용인을 거쳐 안성까지 연결한다는 계획이 있다. 용인특례시에서는 2023년 2월 '제5차 국가철도망 반영'에 총력을 다하고 있으며, 사전타당성 용역을 추진 중이다. 용인에서 적극적으로 추

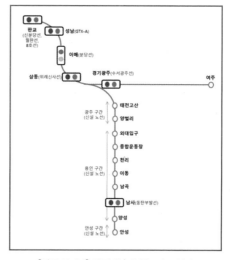

[자료 5-24] 경강선 | 출처 : 나무위키

진하고 있어 경기 광주에서 용인으로 경강선이 연장되면, 남사에서 수도권 내륙선을 연결해 광역철도를 더 편리하게 이용할 수 있을 것이다. 우선 용인특례시가 경강선 연장을 먼저 추진해서 착공되어야 안성까지 이어질 수 있다. 현재 경기도 용인에서 '경강선 연장'에 대해 적극적으로 추진 중이므로 기대해볼 만한 요소로 보인다.

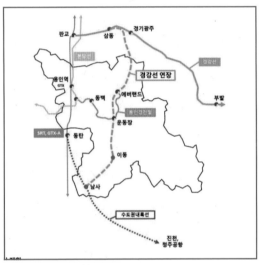

[자료 5-25] 용인시 철도망 구축계획 노선(안) | 출처 : 용인시

그동안 경강선 연장사업은 사업비 대비 운영수익이 낮을 것으로 예상해 계획만 되어 있던 상황이었다. 경기도 광주 삼동역 ~ 안성까지 59.4km 구간에 일반 철도를 건설하는 것으로 3조 7,310억 원이 들어가는 대규모 사업이다. 2021년 7월 '제4차 국가철도망 구축계획'에는 반영되지 않았으나 차기 국가철도망 구축계획에는 계획이 들어갈 수 있도록 용인에서 주시하고 있으므로 꾸준히 관심을 가지고 지켜보자.

## 호재 (5) 삼성생명에서 사둔 안성 토지 35만 평

삼성생명에서 사놓은 부지가 화제를 모으고 있다. 약 35만 평 정도 되는 부지를 삼성에서 매입해두었으며, 안성의 호재 (1)에서 이야기한 제2경부고속도로(바우덕이IC/휴게소)와 2.5km 떨어진 곳에 있다. 토지의 소유자는 삼성생명으로 되어 있고, 실제 삼성생명부지에서 제2경부고속도로 바우덕이휴게소까지 4차선 도로를 확보해두었다. 예전에 삼성에서 납골당을 하기 위해 안성에 부지를 매입했지만, 주민들의 반대로 인해 무산되어 이제껏 아무것도 개발하고 있지 않다가 최근 연수원(청소년 수련원)으로 허가받고 공사를 하는 중이다. 이 부지에 대해서는 항간에 다양한 이야기가 떠돌고 있다. 한 예로 '사파리 동물원이 들어올 것이다, 제2의 평택 공장을 안성에 지을 것이다, 수소 및 전기차 첨단 관련 사업이 들어올 것이다' 등 온갖 추측이 난무하고 있지만, 확정된 것은 없고 확정된 개발계획이 없기에 지켜볼 여지가 있어 보인다.

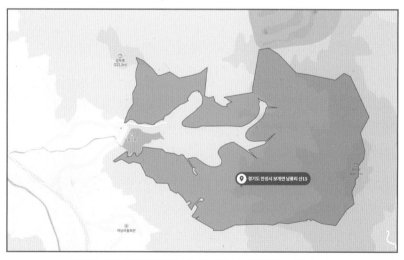

[자료 5-26] 삼성생명에서 사놓은 안성 부지 | 출처 : 네이버 지도

## 호재 (6) 용인 SK하이닉스 및 삼성반도체(남사 및 이동읍) 배후 주거지역, 안성

[자료 5-27] SK하이닉스 단지 | 출처 : 산업통상자원부(용인반도체클러스터 개요)

용인시 원삼면에 SK하이닉스가 예정되어 있다. 원삼 SK하이닉스 인접 지역인 안성은 토지 투자로 꾸준히 핫한 지역이다. 원삼 SK하이닉스까지 안성은 3km면 진입을 할 수 있는 경계선에 있다. 원삼 SK하이닉스는 약 415만m² 부지에 120조여 원 정도 투입되는 사업으로, 3만 명의 직간접 일자리 창출과 513조 원의 생산 유발, 188조 원 부가가치 유발 등 다양한 기대가 있는 지역이다. 하이닉스 내에는 생산시설 팹 4기를 비롯해 소부장 기업 50여 개 정도가 입주할 예정이며, 이를 통해 3만 1,000개에 가까운 일자리가 창출될 것으로 내다보고 있다. 이를 통해 원삼 SK하이닉스 반경 3km 거리의 안성 지역 지가와 수요는 더 상승할 여력이 충분하다. 2023년 99% 수용이 완료된 상황이며, 2026년 7월 준공을 목표로 하고, 2027년 상반기 첫 팹공장 가동을 목표로 하고 있다. 완공될 시점뿐만 아니라 하이닉스를 공사하기 위해 유입되는 인부의 의식주 수요가 늘어날 것으로 보인다. 아직 원삼 SK하이닉스 주변이나 인접한 안성 지역의 의식주는 부족한 편이므로, 부족 현상이 심화될 것으로 전망된다. 2023년 현재 시점에서도 인부의 숙소를 구하기 위해 줄 서 있는 상황이 많이 연출되고 있는 지역이다.

### 호재 (7) 안성시 미양면 스마트코어폴리스

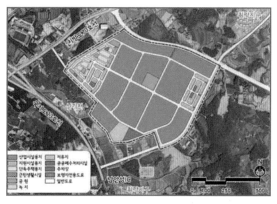

[자료 5-28] 스마트코어폴리스 | 출처 : 안성시

안성 미양면 구례리 산 24번지에 추진하고 있는 약 18만 평 부지에 2,120억 원을 투자하는 사업이다. 안성시 20%, SK건설 47%, 삼원산업개발 14%, 교보증권 19%로 추진되고 있으나, 토지 소유자의 반대로 동의율이 50%를 넘지 못하고 있다. 기존에 2025년 준공을 목표로 추진되었지만, 사업 부지 미확보로 인해 산업단지 지정계획을 신청하지 못해 2027년까지 준공 목표로 토지 보상을 진행하고 있다.

## 호재 (8) 안성테크노밸리 산업단지(진행 중)

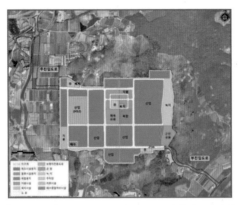

[자료 5-29] 안성 테크노밸리 산업단지 | 출처 : 안성시

안성 테크노밸리 산업단지는 안성시 양성면 추곡리 산 2번지에 진행하는 사업으로, 약 23만 평의 산업단지를 개발하는 사업이다. 기존에는 장기 미집행 골프장 부지였다. 하지만 안성시와 한화도시개발, 한화건설에서 공동 출자해 민관협동개발방식으로 진행되고 있다. 2024년 12월까지 준공 예정이다.

## 호재 (9) 안성 제5산업단지

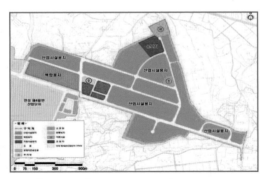

[자료 5-30] 안성 제5산업단지 | 출처 : 안성시

안성제5산업단지는 2,021억 원을 투자하는(경기도시공사 1803억 원, 안성시 318억 원) 사업으로 2023년에 착공했다. 경기도시공사와 안성시가 공동으로 2,121억 원의 사업비를 들여 안성시 서운면 양촌리 일대에 산업단지를 조성한다. 규모는 총 47필지(71만m²)이다.

2026년까지 준공하겠다는 목표로 진행 중이며, 안성시에 증가하고 있는 산업단지의 수요를 충족시키면서도 현재 이곳저곳 흩어진 공장을 이곳 산단으로 유입시켜 중소기업 위주의 산업단지를 조성하겠다는 목표로 임하고 있다. 약 8개 정도의 업종을 유치해 지역경제 활성화를 기대하고 있다.

## 호재 (10) 동신산업단지

[자료 5-31] 동신산업단지 | 출처 : 안성시

동신산업단지는 앞에서 언급했던 호재 (1)의 제2경부고속도로 바로 옆에 지어지는 산업단지다. [자료 5-31]을 보다시피 대부분 도시지역/생산녹지에 농업진흥구역 자리는 이곳을 소유하고 있는 토지주들에게 보상하고 개발하겠다는 의지를 보이고 있다. 추측하건대 농업진흥구역에서는 일반인의 건축이 제한되기 때문에 아마도 보상이 쉽게 이루어질 것으로 보인다.

그런데 왜 이곳에 산업단지를 만들었을까? 이유는 간단하다. 용인 반도체 공장 착공과 평택의 반도체 증설 등 늘어가는 반도체 수요에 대비하려면 협력 산단의 증설과 추가조성이 꼭 필요한데, 소부장 공급의 안정성을 확보한 곳이 안성으로 보인다. 이유인즉슨 안성은 도로와 용수, 폐수, 가스, 전기 같은 인프라 시설이 원활하고, 향후 진행될 도로와 철도 공사로 인해 교통환승거점으로 활용될 여건이 충분해 보인다. 동신산업단지는 평택 삼성반도체에서 약 30분, 용인 SK하이닉스에서 25분 거리에 있다. 위치는 안성시 보개면 동신리 345번지 일원으로 예정되어 있으며, 면적은 약 48만 평, 비용은 6,150억 원을 투자하는 사업이다. 2020년 산업단지 개발 타당성 검토했고, 2021년 6월 경기도 산업단지 예비물량 배정에 반영되었다. 하지만 농림축산식품부의 농업진흥지역 해제 협의가 필요해 난관이 예상된다. 앞서 말했듯 [자료 5-31]을 보면 농업진흥구역이기 때문에 이는 농림축산품부의 관할로 관할지 재량에 따라 속도가 달라질 것으로 보인다. 안성시는 동신산업단지를 2023년 하반기 정도에 산업단지계획을 승인받아 2025년 상반기 착공을 하고, 2028년 하반기에 준공한다는 계획을 가지고 있다. 이곳은 반도체 배후산업단지 건립을 위해 K-반도체 등 국가전략산업의 일환으로 계획되어 있다. 동신산업단지 내에는 공공시설, 지원시설은 물론, 주거시설까지 함께 넣을 예정이다.

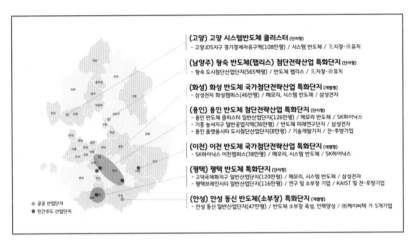

[자료 5-32] 경기 7개 시 반도체 특화단지 공모 신청 | 출처 : 경기도

2023년 2월, 정부에서 반도체 특화단지를 공모했는데 경기도 7개에서 신청을 했다. [자료 5-32]의 지도 아래를 보면, 안성 동신 반도체 특화단지가 있을 것이다. 특화단지로 지정되면 인허가 신속처리, 용수 전력 등 핵심 기반시설 구축과 연구, 개발지원혜택, 세액공제와 부담금 감면 등 다양한 혜택이 있다. 안성시는 반도체 인력양성센터를 구축할 예정이라고 지원했다. 2023년 상반기 중으로 결정될 것으로 보인다,

이 외에 안성지역에는 원곡면 외가천리 강문(공사 중), 보개면 남풍리 볼빅(공사 중), 보개면 북좌리 북좌(공사 중), 양성면 노곡리 노곡(공사 중), 미양면 마산리 미산2(공사 중), 고삼면 가유리 가유(공사 중), 원곡면 지문리 동문(공사 중), 원곡면 지문리 하이랜드(공사 중), 양성면 석화리 축산식품복합산업단지(인허가 진행 중), 원곡면 내가천리 가천(인허가 진행 중), 공도

읍 양기리 알파(인허가 진행 중), 미양면 양지리 미양3산업단지(인허가 진행 중) 등 13개 민간산업단지도 추진 중이다.

## 호재 (11) 안성 호수관광도시 개발추진

안성에는 저수지가 꽤 많다. 총 17개의 호수가 있다. 이를 모두 개발한다는 것은 아니고, 중심 호수 5개와 연계 호수 4곳을 개발하겠다는 계획이 있다.

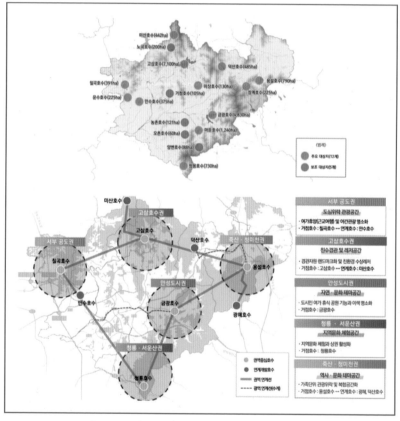

[자료 5-33] 안성 호수관광도시 개발 | 출처 : 안성시

중심 호수는 고삼저수지, 금광저수지, 칠곡저수지, 용설저수지, 청룡저수지가 있다. 이를 관광지로 개발하겠다고 안성시에서 계획하고 있다. 도시가 개발되면 고삼호수, 금광호수, 칠곡호수, 용설호수, 청룡호수 이런 형태로 이름이 저수지에서 호수로 바뀌게 된다. 안성에서는 2022년 3월 안성시 호수관광도시 조성 사업을 위해 출범식을 가졌고, 미래 호수관광도시를 추진하고자 하는 의지를 비쳤다. 이전에는 말 그대로 동네 저수지여서 낚시도 하고, 주변의 토지에 물을 대는 정도였다면, 앞으로는 관광지로 멋지게 탈바꿈하고자 하는 포부가 크다. 안성에는 현재 이렇다 할 관광지도 없거니와 수도권 중에서는 교통이 열악한 편이기 때문에 관광으로 많이 오는 곳은 아니지만, 볼거리와 먹거리가 많은 곳으로 인식되면 전국, 아니 전 세계 다양한 인구가 유입될 것으로 보인다.

한 예로 안성에서 가장 큰 호수인 금광호수에 대해 이야기해보겠다. 약 40만 평의 금광호수를 출렁다리 2개(180억 원), 데크로드(55억 원), 리프트(20억 원), 꿈의 무대(50억 원), 음악 분수(20억 원), 집라인(50억 원), 전망대(30억 원), 주차장 3개소(주차대수 1581면, 2억 원), 산책로(5억 원), 관리동과 농산물 판매장(5억 원), 기타(20억 원), 총사업비 490억 원의 예산이 구체적으로 잡혀 있다. 참고하면 좋을 것 같다.

## 호재 (12) 안성과 접한 '경기도 용인 남사와 이동읍' 지역
## 삼성전자 300조 원 투자 계획

삼성전자는 2042년까지 경기도 용인에 20년간 300조 원을 투입해서 710만㎡(215만 평) 규모의 첨단 반도체 공장 5개를 신축하기로 했다. 경기도 기흥·화성·평택·이천에 있는 기존 반도체 클러스터와 유

[자료 5-34] '경기도 용인 남사와 이동읍'지역 | 출처 : 연합뉴스

기적으로 연결해 수도권 남부에 '반도체 메가 클러스터'를 구축한다는 계획이다. 정부는 반도체 '소부장'(소재·부품·장비), 팹리스(설계) 기업 150개를 유치해 반도체 전 분야가 수도권 남부를 중심으로 집적 효과를 누릴 수 있도록 지원한다고 한다. 2023년 3월 용인 남사지역에 삼성이 투자한다는 소식이 발표되자마자 기대심리로 인해 토지주들은 내놓은 물건을 거둬들이고 땅값이 2배 이상 상승하는 등 남사 일대 부동산 토지 매수문의가 쇄도하고 있다고 한다. 발표직후 **\*토지거래허가구역**으로 묶인 곳이기 때문에 용인의 남사와 이동읍의 투자는 신중을 기할 필요가 있어 보인다. 토지거래허가구역으로 묶인 곳은 대상지 주변의 토지가 오히려 투자로써 적합하다. 현재 개발 진행 중인 용인시 원삼면의 SK하이닉스 발표 후, 토지거래허가구역으로 묶였다. 토지거래허가구역으로 묶인 곳은 곧 토지 보상에 들어가는 경우가 많다. 주변의 땅값은 천정부지로 뛰었지만, 토지거래허가구역으로 묶인 곳의 토지들은 주변 땅값의 반값에도 못 미치는 가격에 토지 보상을 받아 토지주의 반발이 심했다.

용인 반도체 클러스터 시행자인 한국토지주택공사(LH)는 2023년 5월

24일 '용인첨단시스템반도체클러스터 국가산업단지 조사설계용역'과 '환경영향평가용역'을 각각 발주했다. '조사설계용역'을 통해 유치업종에 대한 검토와 업종별 배분계획, 클러스터 내 동선계획 등 밑그림과 각종 인허가를 위한 관련 법령을 검토하게 된다. 사업의 예비타당성 조사도 이 과정에서 실시하게 된다.

용인 반도체 클러스터가 완공되면 직간접 생산 유발 700조 원, 고용 유발 160만 명 등의 경제적 파급 효과가 나타날 것으로 보인다.

## 토지거래허가구역이란?

토지의 투기적인 거래가 성행하거나 성행할 우려가 있는 지역 및 지가가 급격히 상승하거나 상승할 우려가 있는 지역에 땅 투기를 방지하기 위해 설정하는 구역으로, 1979년 처음 도입된 제도이다. 대통령령으로 정하는 지역에 대해서는 5년 이내의 기간을 정해 토지거래허가구역으로 지정할 수 있으며 지정된 이후 토지 용도별로 일정 규모 이상의 토지거래는 시·군·구청장의 허가를 받아야 한다. 토지거래계약을 허가받은 자는 대통령령으로 정하는 사유가 있는 때 외에는 5년의 범위에서 대통령령으로 정하는 기간에 그 토지를 허가받은 목적대로 이용해야 한다. 이를 토지이용의무라 하는데, 농·임·축산·어업용을 비롯해 단독주택(다중주택 및 공관(公館)은 제외), 공동주택(기숙사 제외), 복지·편의시설용 등은 2년, 현상보존의 목적으로 허가를 받은 경우에는 5년의 기간을 두고 있다.

만약 목적대로 이용하지 않는 경우 상당한 기간을 정해 이행명령을 부여하고, 명령 불이행 시 토지 취득가액의 10% 범위에서 매년 이행강제금을 부과할 수 있다.

또 토지거래허가구역으로 지정되면 실수요자 이외에는 일정 규모 이상의 토지를 매입할 수 없다. ▲ 도시지역 내의 경우 주거지역 180m², 상업지역 200m², 공업지역 660m², 녹지지역 100m² 초과할 경우 ▲ 도시지역 이외는 250m², 농지는 500m² 임야는 1,000m² 초과하는 토지를 구입할 경우 실수요자임을 입증해 해당 시장·군수·구청장의 허가를 받아야 한다. 이를 위반하면 2년 이하의 징역 또는 계약 토지 거래가격의 30% 이하를 벌금으로 물어야 한다.

하지만 토지거래허가구역에서 해제되면 지자체의 허가 없이 자유롭게 토지를 사고팔 수 있다. 토지구매 자금의 출처를 밝히지 않아도 되는 것은 물론 토지의 용도대로 사용하는지에 대한 당국의 감독도 받지 않는다.

**토지거래계약의 불허 조건**(부동산 거래신고 등에 관한 법률 제12조)

① 자기의 거주용 주택용지로 이용하려는 것이 아닌 경우
② 허가구역을 포함한 지역의 주민을 위한 복지시설 또는 편익시설로서 관할 시장·군수 또는 구청장이 확인한 시설의 설치에 이용하려는 것이 아닌 경우
③ 허가구역에 거주하는 농업인·임업인·어업인 또는 '부동산 거래신고 등에 관한 법률' 시행령 제10조 제1항에 따른 자가 그 허가구역에서 농업·축산업·임업 또는 어업을 경영하는 데 필요한 것이 아닌 경우
④ '공익사업을 위한 토지 등의 취득 및 보상에 관한 법률'이나 그 밖의 법률에 따라 토지를 수용하거나 사용할 수 있는 사업을 시행하는 자가 그 사업을 시행하는 데 필요한 것이 아닌 경우
⑤ 허가구역을 포함한 지역의 건전한 발전을 위해 필요하고 관계 법률에 따라 지정된 지역·지구·구역 등의 지정 목적에 적합하다고 인정되는 사업을 시행하는 자나 시행하려는 자가 그 사업에 이용하려는 것이 아닌 경우

⑥ 허가구역의 지정 구역이 속한 특별시·광역시·특별자치시·시(제주특별자치도 설치 및 국제자유도시 조성을 위한 특별법에 따른 행정시 포함)·군 또는 인접한 특별시·광역시·특별자치시·시·군에서 사업을 시행하고 있는 자가 그 사업에 이용하려는 것인 경우나 그 자의 사업과 밀접한 관련이 있는 사업을 하는 자가 그 사업에 이용하려는 것이 아닌 경우

⑦ 허가구역이 속한 특별시·광역시·특별자치시·시 또는 군에 거주하고 있는 자의 일상생활과 통상적인 경제활동에 필요한 것 등으로서 '부동산거래신고 등에 관한 법률' 시행령 제10조 제2항의 용도에 이용하려는 것이 아닌 경우

⑧ 도시·군 계획이나 그 밖에 토지의 이용 및 관리에 관한 계획에 맞지 않는 경우

⑨ 생태계의 보전과 주민의 건전한 생활환경 보호에 중대한 위해를 끼칠 우려가 있는 경우

⑩ 그 면적이 그 토지의 이용목적으로 보아 적합하지 않다고 인정되는 경우

## 추천 지역 2. 경기도 평택시

평택은 서평택과 고덕신도시가 있는 동평택으로 나뉜다. 이미 개발된 동평택과 균형개발을 위해 서평택 지역에 2030년까지 2조 원 이상을 투입할 계획에 있으며, 서평택 지역에 다양한 개발계획이 잡혀 있다. 저평가된 토지 투자를 원한다면 서평택 지역에 투자하는 것이 좋을 것이고, 자금 여유가 있다면 동평택 지역을 추천한다. 동평택 지역에도 여전히 미개발지(비도시 지역)는 남아 있다.

## 호재 (1) 평택고덕 국제화신도시

위치 : 평택시 고덕면 일원

면적 : 13,3천㎡(404만 평) 평택도시공사 624천㎡

기간 : 2008 ~ 2025년

사업비 : 8조 1,603억 원(평택도시공사 4,80억 원)

시행자 : 평택도시공사, LH공사, GH공사, 경기도

약 14만 명이 거주할 수 있는 규모로 개발 추진

평택고덕신도시는 3단계 개발계획으로 개발된 신도시다. 1단계와 2단계는 끝났고, 3단계가 진행 중이다. 총 406만 평 규모로, 사람과 돈이 모이는 도시로 거듭나고 있다. 고덕신도시 내 관공서 및 행정기관이 확정되었고, 평택시청, 국민건강보험공단, 한국전력공사, 경찰서, 출입국관리소 등이 예정되어 있으며, 국제학교가 건립 중이다.

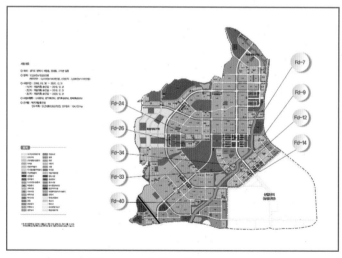

[자료 5-35] 토지이용계획도 | 출처 : 평택시

## 호재 (2) 삼성반도체 공장

위치 : 경기 평택시 고덕면 여염리

규모 : 반도체 생산라인 최대 6개(P1 ~ P6) 가능.

- P1라인 : 9층 규모의 사무 1동

- P2라인 : 11층 규모의 사무 2동

- P3라인 : 100만㎡(30만 평), 축구장 25개 크기

- P4라인 : 골조 공사 단계

시설 : 메모리 반도체 생산 라인과 시스템 반도체 위탁생산(파운드리) 시설

경제효과 : 약 15만 명 근로자 상주, 향후 10년간은 많은 건설 인력이 상주할 것으로 보임.

120만 평의 축구장 400개 규모로, 직접 고용인구 5만 명 정도 추산되는 P6공장까지 예정되어 있다. 부지면적 289만㎡(고덕동의 면적 30%, 축구장 400개를 합한 크기) 평택캠퍼스에 대형 통합 사무동 2개를 짓는다고 한다. KCC건설 및 코오롱건설 등과 공사비 총 1조 원대 사무동을 건설하는 계약을 체결할 예정이라고 한다.

[자료 5-36] 평택 삼성반도체 공장 | 출처 : 평택시

### 호재 (3) 안중역세권 도시개발사업(서해선 복선 지하철 안중역)

위치 : 경기 평택시 안중읍 송담리 산 7-1 일원

면적 : 5,187,685m²(약 156.9만 평)

계획인구 : 약 106,000인

기간 : 2022 ~ 2035년(1단계 : 2022 ~ 2027년, 2단계 : 2028 ~ 2035년)

평촌 신도시 규모의 소형 신도시가 한 개 만들어진다. 서해선 복선 지하철인 안중역은 2023년 10월 개통(예정)이다. 홍성과 예산, 당진, 아산, 평택, 화성을 경유하는 노선으로 여의도까지 서해선 복선 지하철로 서울까지 환승 없이 30분 내 이동 가능할 예정이다. 안중역과 복합중심권역을 연계해 주차장을 배치해 역과 연계되는 대중교통환승체계를 구축함으로써 안중역 접근성이 용이해질 전망이다. 수소기반 탄소중립도시를 만들겠다는 콘셉트로 추진되는 사업이며, 개발 초기인 만큼 민간, 공영, 민간과 공영 합동방식 등 개발방식이 아직 정해지지 않았다. 안중역은 서해선 복선 지하철, 포승평택선 건설사업에 따라 신설되는 역으로, 그동안 평택의 동부지역이 개발되었다면 서부지역의 평택인 안중역세권 도시개발사업을 시작으로 동부와 서부의 균형 발전을 실현할 계획을 목표로 하고 있다. 주변에 미니 신도시급인 현화지구, 화양지구 등과 생활권을 연계해서 만들 예정이라고 하니 관심을 가져보자.

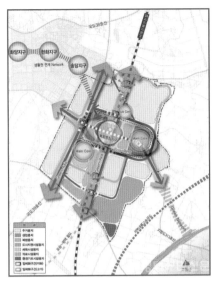

[자료 5-37] 안중역세권 | 출처 : 평택시민신문

## 호재 (4) 브레인시티

사업기간 : 2010. 3. 15 ~ 2023. 12. 31.

위치 : 경기도 평택시 송탄동 일원

면적 : 4,821,430.7㎡(약 146만 평)

    - 1단계 : 44만 평, 2단계 : 102만 평

사업비 : 2조 9,619억 원

계획세대 및 계획인구 : 17,423세대/43,559명

시행자

- 1단계 : 평택도시공사

- 2단계 : 브레인시티프로젝트금융투자(중흥토건, 평택도시공사 등)

공공 32%, 민간 68%를 출자해 진행되는 사업이다.

고덕국제신도시 옆 도일동에 연구시설과 산업, 상업, 주거시설이 복합된 글로벌 교육, 연구, 문화, 의료, 기업의 지식기반도시를 조성하는 사업이다. 시범단지로 2027년 아주대학교 평택병원이 입주 예정으로 500병상으로 운영된다. 또한, 카이스트도 확정되어 들어올 예정이다. 단순히 대규모 공장부지만 제공하는 기존의 산업단지 방식이 아니라, 국내 최초로 대학교, 국제공동연구단지, 첨단기업이 함께 들어서는 복합산업단지로 조성할 계획이다.

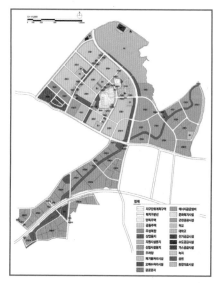

[자료 5-38] 브레인시티 조감도 | 출처 : 평택브레인시티

## 호재 (5) 평택으로의 미군기지 이전으로 주변 개발

'주한미군기지 이전에 따른 평택시 등의 지원 등에 관한 특별법'에 따라 미군기지가 이전된 평택 지역의 개발을 위해 1조 3,000억 원 이상을 투입해 교통, 물류, 산업 등 17개 개발 사업을 추진한다. 2006년

부터 17년간 총 80개 사업에 22조 647억 원을 투자했고, 2023년 17개 사업에 1조 원이 넘는 재정을 투입할 예정이다. 새롭게 추진되는 사업은 평화예술의 전당 건립과 문화복지시설 증진사업, 평택호 횡단도로 건설, 평택호 관광단지 조성 등 관광거점 수도권 곳곳에 퍼져 있는 미군기지들을 평택에 집결시켜 시너지를 증폭시키는 효과를 낳을 것으로 보이며, 지역의 거주 활동 인구가 증가한다는 점에서 상권과 주거지역 수요가 증가할 것으로 보고 있다.

## 호재 (6) 경기경제자유구역(황해경제자유구역)

평택시는 2026년까지 경기경제자유구역 포승지구를 대상으로 총 470억 원을 투입해 수소 도시 구현을 위한 각종 인프라를 조성하고, 지역특화사업으로 수소 도시 기술 지원센터를 구축해 연관기업을 유치하고 기술개발을 지원해 수소 도시와 연관된 산업을 육성할 예정이다.

경기경제자유구역은 삼성전자, 현대·기아자동차, LG디스플레이, 3M, Siemens, Sony, Bosch 등 약 3,350여 개 글로벌 기업의 입지를 확실하게 다졌다. IT, 반도체, 메카트로닉스, 부품소재 등 국내 지식기반 제조업의 40%를 보유한 국제 수준의 첨단기술산업 클러스터를 형성하고 있다. 중국의 연안산업벨트와 최단거리에 자리 잡고 있고, 동남아, 중국 등의 주요 항만과 직접 연결되는 평택항과 인접하고, 자동차와 철강 등 전용부두 및 컨테이너선, 국제여객선이 수시 운항하는 등 대중국 수출입 전진기지다. 우수한 접근성과 투자 환경, 고속도로와 고속철도(KTX)의 사통팔달 교통체계, 수도권의 거대한 배후 시장과 풍부한 인적자원을 갖추고 있다.

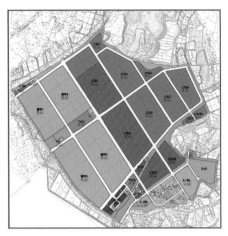

[자료 5-39] 평택 포승지구 도면 | 출처 : 평택시

## 호재 (7) 평택국제항만개발(항만배후단지건설)

항만개발 사업은 무역항의 항만구역에 지원시설과 항만친수시설을 집단적으로 설치·육성함으로써 항만의 부가가치와 항만 관련 산업의 활성화를 도모하고, 항만을 이용하는 사람의 편익을 꾀하기 위해 '항만법'에 따라 지정·개발하는 일단의 토지로서 1종 항만배후단지와 2

[자료 5-40] 항만배후단지 | 출처 : 엔지니어링데일리

종 항만배후단지로 나뉜다. 1종 항만배후단지는 무역항의 항만구역에 지원시설과 항만친수시설을 집단으로 설치·육성함으로써 항만의 부가가치와 항만 관련 산업의 활성화를 도모하기 위한 항만배후단지다. 2종 항만배후단지는 항만구역(1종 항만배후단지로 지정한 항만구역을 제외)에 일반업무시설·판매시설·주거시설 등 대통령령으로 정하는 시설을 설치함으로써 항만 및 1종 항만배후단지의 기능을 제고하고, 항만을 이용하는 사람의 편익을 꾀하기 위한 항만배후단지다. 평택국제항만은 1986년에 개항된 신생 항만으로, 현재 총 화물처리량 1억 톤 이상 처리(전국 5위), 컨테이너 화물 90만TEU 이상 처리(전국 4위), 자동차 화물을 140만 대 이상 처리(전국 1위)하고 있다.

대중국 무역 동선이 될 가능성이 매우 큰 곳으로 군사항과 무역항으로 활용할 수 있다. 4차 전국항만기본계획에 반영된 사업으로 2021 ~ 2030년까지 10년간 총 2조 3,326억 원을 투자할 계획으로, 중부권 물류거점 평택항 육성사업을 할 것이다. 항만구역에 지원시설을 설치해 물류 및 유통, 생산 기능을 원활하게 하고, 국제교류기능 및 도시기능을 활성화하기 위해 평택항 2종 항만배후단지 개발사업이 추진 중이다. 평택항 및 1종 항만배후단지 내 근로자들의 부족한 주거시설 해소를 통한 정주여건 개선 및 공동화 현상 해소를 위해 2015년부터 추진되었다. 인프라 정비를 위해 평택항 신국제여객터미널을 2024년에 개장하게 된다. 또한, 국도 38호선 확장과 연결도로 건설, 철도인입선 조성 등 호재가 있다.

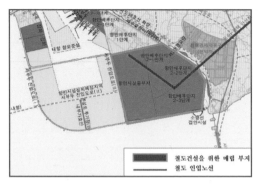

[자료 5-41] 항만배후단지 철도 인입노선 | 출처 : 중앙뉴스

제4차 항만배후단지개발종합계획(2023 ~ 2030년)에서는 평택항 인입 철도 건설을 위한 부지를 매입하는 계획이 추가되었다. 기존에는 평택항 2종 항만배후단지를 축소하는 계획을 발표했으나, 이번에 나온 제4차 항만배후단지개발종합계획에서는 축소 없이 그대로 개발하기로 했다.

평택항의 물동량을 위해 서해선, 경부선과 연계 수송 체계를 확보하고자 총사업비 7,168억 원을 투입해 30.3km의 철도를 놓는 것을 목표로 한다. 구체적으로는 철도 건설부지(항만시설용 부지) 251만 3,000m²에 대한 세부 매립 계획이 담겨 있고, 접근성 제고를 위한 배후수송망의 조기 확충 철도 인입 시설의 위치와 개발 시기 확정 추진과 같은 중요한 사항 또한 반영되었다. 포승과 평택 단선철도3공사구역 건설사업은 평택항과 더불어 현덕지구의 활성화를 위해 필요한 사업으로, 대한민국을 횡단하는 중요한 동서축을 담당할 것으로 보인다.

앞서도 언급했지만, 평택시는 평택항 일대에 수소 도시로 본격 조성할 예정이다. 수소 전용 단지에서 생산한 그린수소를 활용해 연료전지(440kw × 3기)를 연결해 아파트와 건물에 냉난방, 전기를 공급해 전기를 생산할 계획이며, 수소모빌리티로의 전환을 촉진할 계획이라고 한다. 수소 도시 연료전지를 연결하는 15km 길이의 수소 배관을 설치함으로써 향후 안중역, 오토센터, 현덕지구, 평택항 배후단지로 수소 도시를 확장할 수 있다고 한다. 더 나아가 수소 에너지로 생산한 열에너지를 화양지구, 고덕신도시 등 평택시 전역에 집단에너지로 공급하면, 광역적 의미의 수소 도시를 구현할 수 있을 것이다.

[자료 5-42] 평택 수소 도시 조성 사업 | 출처 : 평택시, 국제뉴스

### 호재 (8) 평택호 관광단지 개발

[자료 5-43] 평택호 | 출처 : 평택도시공사

위치 : 평택시 현덕면 권관리 일원

면적 : 663천㎡(20만 평)

기간 : 2020 ~ 2023년

사업비 : 4,445억 원

시행자 : 평택도시공사

추진근거 : '관광진흥법'

그 외 평택항과 평택역을 잇는 산업철도에 250억 원, 평택 당진항 개발에 1,171억 원 등 평택 지역 개발에 1조 3,000억 원의 예산이 잡혀 있다.

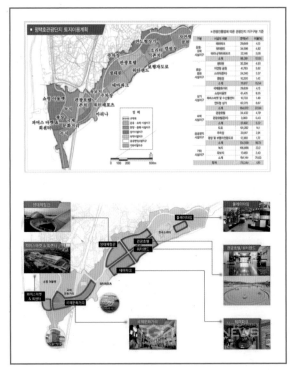

[자료 5-44] 평택호 관광단지 토지이용계획 및 도입 예정 시설 | 출처 : 평택도시공사

평택호 관광단지는 1977년 국민 관광지로 최초 지정된 이후 2009년 83만 평 규모의 관광단지로 지정되어 '사회기반시설에 대한 민간투자법'에 따라 추진했으나 민간투자사업이 무산됨에 따라 개발이 지지부진했다. 하지만 2020년 1월 평택도시공사로 사업시행자를 변경했고, 시와 도시공사는 본격적으로 개발하겠다는 계획을 밝힌 바 있다. 앞의 기간은 대외적인 기간을 적은 것으로, 2020 ~ 2023년으로 되어 있지만, 2022년 3월 비로소 감정평가가 완료되었고, 보상협의가 개시되어 2023년 수용 후 이의 재결 단계를 거치게 된다. 그동안 지지부진하게 흘러가던 평택호 관광단지 사업이 이제야 시작이 됨을 알리는 것이다. 평택호 주변의 66m² 부지를 개발해 생태체험관, 수상레포츠센터, 관광호텔 등을 조성하고, 자동차테마파크, 자동차박물관, 자동차테마호텔, 쇼핑센터 등을 만들 계획이다. 상가 시설에는 국제문화거리와 연도형 상가가 들어올 예정이다.

## 호재 (9) 평택 화양지구

평택에는 다양한 택지개발지구가 존재한다. 개발이 완료된 지역과 진행 중인 지역, 환지 및 수용 보상 지역이 있다. 이 중 가장 크게 개발될 지역인 화양지구에 대해 설명하도록 하겠다.

[자료 5-45] 평택 화양지구 개발계획평면도 | 출처 : 평택시청

규모 : 현덕면 화양리 454-2번지 일원 2,792,500㎡

    (20,388세대, 53,277인 수용)

사업방식 : 환지방식

시행자 : 평택화양지구도시개발사업조합

2008. 10. 31 : 도시개발구역 지정(경기도 고시 제2008-364호)

2010. 10. 05 : 개발계획 고시(경기도 고시 제2010-319호)

2015. 7. 28 : 실시계획인가 고시(경기도 고시 제2015-135호)

2018. 8. 21 : 환지계획인가

2021. 8. 09 : 기반시설 착공


민간주도 도시개발사업 중 최대 규모를 자랑하는 화양지구는 84만
평에 가까운 대규모 부지를 개발해 5만여 명의 인구 유입과 2만 세대

가 거주하는 서평택의 신흥 주거지역으로 각광받고 있다. 평택시는 이미 발전되어 있는 동평택보다는 서평택 쪽을 개발하고자 하는 의지가 강하다. 앞서 나열한 평택의 개발계획들의 대부분이 서평택에 있다. 서평택이 개발되면 대규모 신도시가 있어야 주거확보가 가능하며, 어린 자녀가 있는 경우 의식주의 질을 높을 수 있다. 평택 화양지구에는 종합병원과 초등학교 4개, 중학교 2개, 고등학교 2개 등 8개의 학교가 건립 예정이며, 안중 출장소가 이전할 계획에 있다. 평택의 다양한 개발 호재 반경에 있어 평택항, 안중역, 고덕신도시까지 원활히 진입 가능한 위치에 있으며, 2023년 현재 아파트 분양이 활발히 진행되고 있는 곳이기도 하다. 현장은 터파기 작업이 한창 진행 중이다. 주변은 아직도 허허벌판의 전형적인 시골의 모습이다.

## 호재 (10) 평택진위테크노밸리

위치 : 경기도 평택시 진위면 야막리, 하북리 일원

면적 : 1,020,000㎡(31만 평)

사업비 : 약 4,000억 원

시행자 : 평택시, 경기주택도시공사

사업기간 : 2021 ~ 2025년

### [추진 계획]

2021년 2월 : 산업단지 지정계획 승인(국토교통부)

2021년 하반기 : 산업단지계획 승인

2021년 11월 ~ 2024년 12월 : 부지 조성 공사

2025년 하반기 : 사업 준공 및 산업단지 운영

## [시설용지]

산업시설용지 : 518,392㎡(50% 이상)

복합용지 : 48,643㎡(4.8%)

상업시설용지 : 30,963㎡(3.0%)

지원시설용지 : 22,822㎡(2.2%)

공공시설용지 : 329,503㎡(32.3%)

## [업종]

NT(신소재, 신물질) 관련 : 18.9%

IT(차세대 전자 정보) 관련 : 30.3%

MT(메카트로닉스) 관련 : 21.7%

R&D(연구개발업) 관련 : 4.3%

운수 및 창고 등 물류 관련 : 19.8%

평택 고덕에 삼성반도체가 있다면, 평택 진위면에는 LG전자가 있다.

[자료 5-46] LG전자 협력업체 위주의 산업단지 | 출처 : 캐드앤그래픽

오산시와 평택시 동부지역에 인접한 진위면은 배후 주거환경 확보가 용이한 지역으로, 진위역과 국도 1호선, 서부우회도로(예정)에 의한 접근성이 양호한 편이다. 주변에 진위산업단지(1단지, 2단지, 3단지)가 있고, 그 가운데 LG전자가 있기에 진위 테크노밸리에 LG 관련 협력 계열사, 반도체 업체 등의 선호도가 높을 것이라고 예상된다. LG전자가 60조 원을 투자해 25개의 협력사가 생길 예정이다.

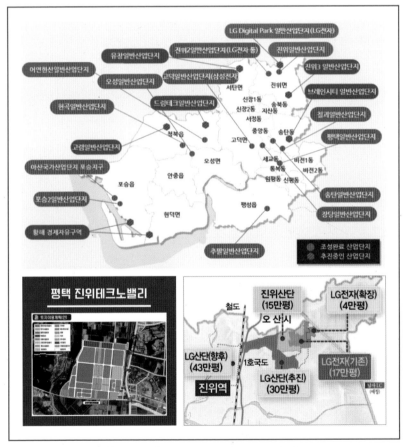

[자료 5-47] 진위테크노밸리 | 출처 : 평택시청

진위 테크노밸리는 첨단산업시설용지와 연구시설용지가 대부분을 이루고 있으며, 진위역 인근으로 상업용지도 계획되어 있어 산업시설에 종사하는 수에 따라 상업시설이 편의를 위해 들어오는 것으로 보인다.

## 추천 지역 3. 경기도 화성시

화성시는 서울 면적의 1.4배 넓은 면적으로, 산업단지가 전국에서 가장 많이 분포된 지역이다. 현대기아차, 삼성연구소, LG전자, 향남제약단지 등 대기업 25개, 중소기업 10,691개로 경기도권에서 가장 많은 기업이 몰려 있는 도시다. 현재 화성의 동부지역인 동탄신도시는 입주가 완료되어 주거지로써 높은 가격에 형성되어 있는 반면, 화성 중서부지역(향남, 발안, 남양, 우정)은 동탄과는 달리 개발이 한참 진행 중에 있다. 중서부지역의 외곽만 가도 농경지가 많은 것을 볼 수 있다. 이곳에 토지 투자로 인생을 역전할 수 있는 기회가 있을지 모르니 잘 살펴보길 바란다.

### 호재 (1) 송산그린시티(명품녹색신도시)

면적 : 총 55.59k㎡(약 1,720만 평)

　　　(여의도(89만 평) 19.2배, 분당 신도시(560만 평) 3배 규모)

사업기간 : 2007 ~ 2030년 완공목표

계획인구 : 15만 명

고용창출 : 17만 3,000여 명

도시콘셉트 : 관광, 레저도시, 생태도시, 수상도시

도입기능 : 마린리조트, 테마파크, 골프장, 에듀타운, 주거, 산업 등

인구밀도 : 1만㎡ = 3.025/(평당 39.8명),

(분당 : 198명, 일산 : 176명, 판교 : 94명)

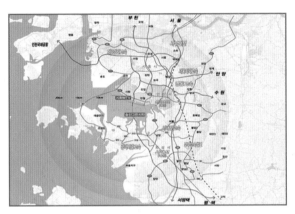

[자료 5-48] 송산그린시티 개발사업 | 출처 : 송산그린시티

화성 송산그린시티는 시화호, 철새 서식지, 공룡알 화석지 등 천혜의 생태환경과 마린 리조트, 테마파크, 도심 운호, 골프장 요트경기장 등 다양한 레저문화를 만날 수 있는 세계적인 관광·레저 복합도시를 만들 예정이다. 인천공항과 철도, 고속도로 등 다양한 광역교통망이 연접해 인천 경제자유구역과 연계된 동북아시아의 국제도시로 만들겠다는 포부가 있는 도시다. 송산그린시티는 동측지구, 남측지구, 서측지구 3단계로 계획에 있다.

1단계 동측지구는 100만 평으로 화성 새솔동 지역이다. 8,700세대의 아파트와 단독주택필지가 분양과 입주가 거의 끝난 상황으로, 현재 살기 좋은 도시를 이루고 있다.

[자료 5-49] 송산그린시티 지구 | 출처 : 송산그린시티

2단계 남측지구는 184만 평의 국가산업단지를 조성하는 사업이다. 핵심인 K-city(자동차주행성능시험장)는 한국 첫 자율주행차시험단지로 운전이 필요 없는 완전 자동화를 위한 자율주행이 실험 중인 곳이다. 좌측의 자동차 테마파크는 자동차 경기장 및 위락, 교육, 숙박시설까지 들어올 예정이다. K-city 아래에 있는 산업단지는 4차산업혁명지원지구 산업단지로, 대부분 산업용지와 R&D 복합용지 지원시설용지 유통업무시설로 구분되며, 자동차 및 트레일러, 금속가공제품제조, 공장 및 부대시설, 지원시설 기숙사, 트레일러 등이 들어온다. 건폐율 70%, 용적률 250% 이하 최고 층수 10층까지 지을 수 있어 일반 산업단지와는 차별화된 건물이 들어설 것으로 예상된다.

3단계 서측지구는 800만 평이 넘는 큰 도시로, 도시 안으로 물길이 지나가는 친환경 도시다. 시화호 물을 매개로 한 자연친화적인 수변도시로, 각 공구가 시공사가 선정되고 택지개발이 시작될 예정이다.

## 호재 (2) 국제테마파크(신세계 주관)

면적 : 총 418만 9,000㎡(약 127만 평) 2021년 착공

입주기간 : 4조 5,000억 원

1차 개장 : 2026년 1차 개장(연 관광객 : 1,900만 명)

　　　　어드벤처월드, 퍼시픽 오디세이, 스타필드 쇼핑몰, 호텔

　　　　(1,000실)

그랜드 오픈 : 2031년(연 관광객 : 3,000만 명)

　　　　쥬라기월드 2028년 개장, 브릭 & 토이킹덤, 아울렛 등

　　　　오픈 예정

경제효과 : 70조 원 / 일자리 : 15,000명 / 고용유발효과 : 11만 명


　호텔 1,000실, 전문쇼핑몰, 골프장 18홀, 주거단지(공동주택 6,283, 단독주택 530가구) 등 세계적 수준의 복합 리조트형 테마파크로, 4가지 콘셉트로 구성될 예정이다. 최첨단 IT 기술을 접목한 놀이시설인 '어드벤처월드'부터 사계절을 즐기는 휴양워터파크 '퍼시픽 오디세이', 공룡 알 화석지와 연계한 '쥬라기월드', 장난감과 캐릭터로 꾸민 키즈파크 '브릭 & 토이킹덤' 등을 건립할 예정이다. 신세계 그룹 정용진 부회장이 '세상에 없는 테마파크'를 만들겠다고 한 곳으로, 최첨단 IT 기술을 접목한 어드벤처이자 체류형 관광단지로 개발될 곳이다.

## 호재 (3) 서해선 복선 전철(홍성 ~ 송산)

[자료 5-50] 서해선 홍성~송산 복선 전철 노선도 | 출처 : 화성시청

면적 : 송산 ~ 홍성(90.01km) 2015 ~ 2020년 준공 / 2015년 5월 22일
　　　착공 / 2024년 개통

지하철 개통 : 지하철역(8개 역사) : 송산역-화성시청역-향남역-안중
　　　역-인주역(추가 확정)-합덕역-삽교역-홍성역

사업비 : 4조 1,121억 원에서 4조 1,388억 원으로 증액

| 건물명 | 위 치 | 대지면적 (㎡) | 건축면적 (㎡) | 연면적 (㎡) | 구조 및 규모 | 비고 |
|---|---|---|---|---|---|---|
| 합 계 | 7동 | 72,971.57 | 13,632.60 | 16,682.51 | | |
| 홍성역사 (개량) | 충남 홍성군 홍성읍 고암리 443-1 일대 | 10,137.32 | 1,387.46 | 1,959.56 | 철근콘크리트 지상2층 | |
| 101역사 (신설) | 충남 당진시 합덕읍 도리 16-5 일원 | 14,241.00 | 1,668.80 | 2,693.69 | 철근콘크리트 지상2층 | |
| 102역사 (신설) | 충남 아산시 인주면 해암리 341 일원 | 12,523.00 | 2,000.93 | 1,583.55 | 철골, 지상1층 | 추가 |
| 103역사 (신설) | 경기도 평택시 안중읍 송담리 산 13-1 일원 | 10,557.00 | 2,626.19 | 4,110.65 | 철근콘크리트, 철골, 지상2층 | |
| 104역사 (신설) | 경기도 화성시 향남읍 평리 204-7 일원 | 11,619.13 | 2,136.44 | 2,818.01 | 철근콘크리트, 철골, 지상2층 | |
| 105역사 (신설) | 경기도 화성시 남양읍 신남리 89 일원 | 8,397.54 | 2,726.97 | 1,909.28 | 콘크리트, 철골 지상2층 | |
| 106역사 (신설) | 경기도 화성시 문호동 일원 | 5,496.58 | 1,085.81 | 1,607.77 | 철근콘크리트, 철골, 지상2층 | |

[자료 5-51] 인주역 역사 신설 | 출처 : 나무위키

서해선 복선 전철(홍성-송산)은 서해권의 발전과 경부선 축의 혼잡 완화를 기대할 수 있다. 또한, 원시에서 소사-원시선, 소사-대곡선과 직결되어 경의선까지 연결되면서 물류 효과를 기대할 수 있다.

### 호재 (4) 신안산선 향남 연장사업

사업량 : (본선) L=44.9㎞ / (연장) L=22.37㎞

소요예산 : 약 1,240억 원(시비 100%)

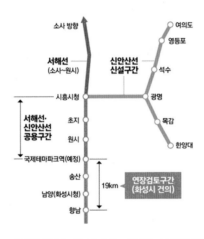

[자료 5-52] 신안산선 노선도 | 출처 : 더중앙, 국토교통부, 화성시

길이는 44.9km로 확인되고, 역사는 총 15개로 구성될 것으로 계획되어 있다. 2024년 국토교통부의 실시계획 승인 후, 공사 착공을 시작해 2027년 12월에 개통 예정이다. 신안산선을 화성 국제테마파크에서 향남까지 약 22.37km를 연장하는 사업이다. 대규모 택지개발에 따라 폭발적인 인구 증가를 보이는 교통 수요 급증 지역에 광역철도망을 적기에 구축해 지역 균형 발전을 도모하기 위해 개발되고 있다.

화성시는 2021년 8월, 국토교통부에 '신안산선 향남 연장'을 정식 건의하고, 2022년 7월, 타당성 검증 결과 경제성을 확보해 2022년 12월 8일 국토교통부로부터 '신안산선 향남 연장 운영 승인'을 통보받았다. 여의도-시흥시청-원시-화성국제테마파크역-서화성남양역(송산)-남양(화성시청역)-향남역까지 연결되는 사업으로, 향남에서 서울 여의도까지 1시간 이내로 진입할 것으로 보인다. 화성시는 현대와 기아차, 남양연구소 및 생산 공장, 삼성전자 화성캠퍼스 등 대기업이 생산거점으로 둔 지역이다. 화성시 동부권의 동탄신도시는 이미 경기권 주택 시장으로 자리매김했으나 서부권인 남양뉴타운, 송산그린시티신도시, 향남신도시는 생활 편의시설과 교통인프라 등을 이유로 발전에서 소외되어 지역 간 불균형이 있었다. 신안산선이 개통되면 향후 여의도뿐만 아니라 공덕, 서울역 등 업무지구로 접근성이 매우 좋아지기에 이 노선에 주목해볼 만하다. 신안산선과 더불어 신분당선, 서해선 복선전철 3개의 노선이 합쳐져 트리플역세권으로 주목받는 향남역을 주목할 필요가 있다.

### 호재 (5) 신분당선 연장(광교 ~ 호매실 ~ 봉담)

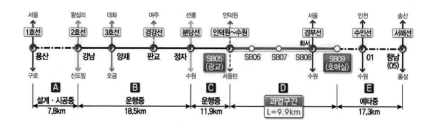

[자료 5-53] 신분당선 연장 | 출처 : 국토교통부

신분당선은 지하철 중 황금노선 중 한 곳이다. 현재는 광교 ~ 호매실 구간의 경우 2020년 1월 15일 예비 타당성 조사를 통과했다. 2023년 착공 예정이며, 2029년 개통이 목표다. 광교 ~ 호매실 구간이 진행됨에 따라 오목천 ~ 향남 구간은 향후 연장이 될 것으로 보고 있다. 현재 신분당선은 광교, 광교중앙, 상현, 성복, 수지구청, 동천, 미금, 정자, 판교, 청계산 입구, 양재시민의숲, 양재, 강남까지 이어지는 노선이다. 제4차 국가철도망 구축계획에 따르면, 신분당선은 연장할 계획이다. 남쪽으로 수원 호매실부터 화성 봉담까지, 북쪽으로는 용산역에서 고양 삼송역까지 연장하기로 발표했다. 기존 철도의 용량 부족과 기존 노선 급행화, 단절된 구간을 연결하기 위해 철도 운영의 효율성을 개선하는 것이라고 보면 된다. 노선이 모두 완공되면 화성시 봉담읍에서 서울 강남 및 경기도 고양시까지 한 번에 이동할 수 있어 파급력이 높을 것이라 보고 있다. 신분당선 연장의 서남부 연장선은 광교중앙역에서부터 월드컵경기장, 동수원, 화서, 호매실까지 총 4개의 역이 새로 생기게 되고, 이번 4차 발표를 통해 호매실과 봉담역이 추가되었다. 연장 길이는 7km이고, 총사업비는 4,374억 원 정도의 사업이다. 앞서 이야기했듯 광교에서부터 호매실 연장에 대한 구간은 2023년에 착공될 예정이고, 호매실에서 봉담에 관한 구간은 예비타당성조사를 하기 위해 애쓰는 중이다. 향후 오목천과 향남 구간도 예상이 됨으로써 경기 남부와 서울, 경기 북부까지 이어줄 노선이 만들어짐으로써 교통 시간 단축과 시너지가 같이 발생될 것으로 보인다.

## 호재 (6) 수도권 내륙선(동탄 ~ 청주)

노선명 : 수도권 내륙선(동탄-청주국제공항)

경유지 : 동탄-안성-진천선수촌-충북혁신도시-청주국제공항

사업내용 : L = 78.8km(단선) / 광역철도

총사업비 : 약 2조 2,000억 원

사업기간 : 2021 ~ 2033년

사업목적 : 수도권과 중부내륙을 연결하는 새로운 개발 축 조성으로
　　　　　지역 상생 발전과 국토 포용 성장 견인

　이 노선은 앞의 경기도 안성 호재 (2)에서 다룬 내용이다. 수도권 내륙선은 화성인 동탄에서 시작하니 동탄과 가까운 곳의 토지를 구입해도 좋을 듯해서 다시 언급하겠다.

## 호재 (7) 분당선 연장(기흥 ~ 동탄 ~ 오산)

[자료 5-54] 분당선 연장 노선도 | 출처 : 국토교통부

분당선 연장사업은 기흥에서 동탄2 신도시를 거쳐 오산까지 연결계획에 있다. 이 노선이 연장되면 용인시, 화성시, 오산시의 도시를 이을 수 있어 교통난과 진입시간 단축 등 생활환경이 개선되고, 도시발전에 가속화를 가지고 올 수 있을 것이다. 이 역시 제4차 철도망 구축계획에 신규사업으로 최종 반영된 노선이다.

이 외에도 봉담, 비봉, 어천지구 등 도시개발사업이 한참 진행 중이며, 이 중 가장 큰 봉담지구는 1 ~ 3지구로 나눠서 개발하고 있다. 3지구는 3기 신도시로 지정되어 토지 보상이 진행되고 있어 인근의 토지를 구입하는 것도 좋을 듯하다. 하지만 기획 부동산 회사도 판을 치고 있는 곳이 봉담읍이어서 주의가 필요하다.

## 호재 (8) 기아 화성공장(오토랜드 화성) 착공

[자료 5-55] 기아 화성공장 | 출처 : 매일경제

화성 서남부에 위치한 우정읍 석천리, 이화리 일대에는 현재 기아자동차 공장이 들어서 있다. 이곳 인근의 장안면 독정리에 독정IC가 신설되고, 독정IC부터 기아자동차 부지까지 도로를 연결하는 계획이 있어 도로 개발이 진행된다면 화성 서남부에 대한 접근성이 더 좋아질 것으로 보인다.

석천리 기아자동차 연구소 및 공장이 화성에서 2025년까지 100조 원 투자로 수소차, 전기차, 자율주행 등 최첨단 자동차 산업을 이끌어 가고자 하는 계획에 있다. 2023년 3월 기아차는 화성 전기차 공장착공에 합의해 1단계로 2025년 7월까지 10만 대 설비 능력을 갖추겠다고 했고, 추가생산시설을 구축해 중기적으로 20만 대 이상의 규모 PBV 핵심 생산거점을 화성에 구축하겠다고 했다. PBV는 자율주행 기술과 결합하면 로보택시, 무인화물운송, 이동식 사무실 등 활용 폭이 넓어지기에 미래 이동수단으로 각광받는 기술이다. 2027년까지 14개 차종으로 전기차 라인업을 구축하고, 2030년까지 144만 대로 확대한다는 계획에 있다. 국내 전기차 분야에 21조 원을 투자할 계획이라고 한다. 2030년까지 신분당선 기아자동차역 이야기도 나오고 있어 그 주변의 토지를 함께 보는 것도 좋을 듯하다. 2023년 현재 현기차는 직원 채용공고를 하고 인재 양성에 힘쓰고 있다. 이곳 화성공장에 인력이 계속해서 유입된다면 이곳 일대 의식주를 해결할 수 있는 공간의 수요가 늘어날 것으로 보인다. 이는 토지 가격 상승이라는 것을 예고하는 것이나 다름없으니 꾸준한 관심을 가지고 지켜보면 좋을 듯하다.

### 호재 (9) 화옹지구(수원군공항 이전)

화옹지구 일대는 기존 160만 평의 수원군공항보다 약 2.8배 확장한 면적인 440만 평으로 사업 진행 예정이다. 대부분이 간척지로 조성되어 국유지다. 2017년 2월 화성 화옹지구를 군공항 예비 이전 후보지로 지정하고, 2021년 9월 '제6차 공항개발 종합계획' 내 경기 남부 민간공항 건설이 반영되어 경기 남부 통합건설의 초석이 되었다.

화성국제공항 예정지로 2023년 사전타당성 용역을 예산 받은 곳이다. 초기에는 주민들의 반발이 있었다. 그러나 군공항 이전뿐 아니라 민간공항까지 이전한다는 소식에 오히려 화성에 군공항이 생기면 철도 및 교통망이 편리해질 수밖에 없고, 삼성반도체가 위치한 평택과 주변 경기 인근의 많은 지역이 혜택을 받을 것으로 보고 있다.

[자료 5-56] 화성국제공항 | 출처 : 화성시

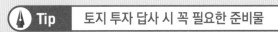

**Tip   토지 투자 답사 시 꼭 필요한 준비물**

① 토지이용계획확인서
② 지적도/임야도
③ 편한 복장과 신발
④ 사진기나 핸드폰 카메라

한 권으로 끝내는
# 부동산 투자 비법

**제1판 1쇄** 2023년 8월 8일

**지은이** 정유나
**펴낸이** 최경선          **펴낸곳** 매경출판㈜
**기획제작** ㈜두드림미디어
**책임편집** 이향선          **디자인** 김진나(nah1052@naver.com)
**마케팅** 김성현, 한동우, 구민지

**매경출판㈜**
**등록** 2003년 4월 24일(No. 2-3759)
**주소** (04557) 서울시 중구 충무로 2(필동 1가) 매일경제 별관 2층 매경출판㈜
**홈페이지** www.mkbook.co.kr
**전화** 02)333-3577
**이메일** dodreamedia@naver.com(원고 투고 및 출판 관련 문의)
**인쇄·제본** ㈜M-print 031)8071-0961

**ISBN** 979-11-6484-590-3 (03320)

# 같이 읽으면 **좋은 책들**

세금 모르고 건축하다가는
망칭 손해본다!
신방수 세무사의
신축·리모델링
건축주 세무
가이드북

신방수 지음

건축주가 세무사에게 궁금해하는 질문은 무엇일까?

토통령의
답이
정해져 있는
땅 투자

살 사람은 이미 정해져 있다

소액 투자로 단계를 고수처럼 만드는
스마트하고 개념한 실전 토지 투자 기법

당신도 5년 안에
100억
부동산 부자가
될 수 있다

16년간 부동산 중개업 전업투자의 실전 투자 노하우

현실적인 노후 생활과
자산 증가로 소원인데이다!

대박나는 부동산 중개
핵심
공인중개사
실무 교육

수억 버는 공인중개사들 영업 고수의 현장 밀착형 시크릿 노하
부동산 중개업 고수들이 몰래 보는
공인중개사 필독서

스스로 사고파는 상위 1%
토지 투자
비밀 과외

'거금장터2! 돈지적 대통령'

공정평가사 8년 함께 설명하는
부동산의
가치를
높이는
방법

부동산 투자자로 넓어서 부동산 사업까지 X자
부동산 '부동산에 대한이라도 안정 수가 원들이'
부동산이 실어 있는 가치를 정진하는 비밀이 모여 있다

실직적 마약학이나 훈련 보는 대한 부동은 뭐니
똑똑한 사람들은
월세 낼 돈으로
건물주 돼서
창업한다!

창업하기 전에
경제부터 시작하라!

부동산
공매
이렇게 쉬웠어?
공매 실무와 실전 사례

소액으로 가능하는 공매 투자 지금이 기회

부동산
공매
이렇게 쉬웠어?
알기 쉬운 기초 공매

종자돈 1,000만 원으로 시작하는 투자 단독 상세를
부동산 공매 투자 관련 생생한 내용과 공사 소사스트

오피스텔
투자 바이블
35살, 35채로 인생을 바꾸다

부동산 전문 세무사, 회계사가 알려주는
똑똑한 절세 방법
부동산
법인이
답이다!
[ 실전 문답 사례 편 ]

김민오, 박상욱, 채희승, 홍경원, 장병민 공저

절세멍남 이상욱 세무사의
절세의 모든 기술
부동산 법인에 있다!

투자 활로분터 직접 경험하고 실패할 수 있는
부동산 법인 A to Z

투자 초보자도
쉽게 따라 하는
부동산
대출의
기술

부동산 대출의 두려움 그대로

오르는 땅은
이미
정해져 있다
토지 투자의 초격차 핵심 비밀

100곳의 땅을 사면 100곳이 오른다
10년 동안 단 한 번도 지본 전에 다 오를 망들이 있다
그 땅의 비밀들을 속속들이 판단다!

토지 개발로 400% 수익 올리는 비법
이것이 진짜
토지 개발이다

I

초보에서 고수까지
위기의 부동산 중개 탈출법
생각하는
공인중개사가
생존한다!

누구나 쉽게
부동산 중개로 살아남는 법

이제 재건축·재개발 세금이면 안걸 쉬워진다!
신방수 세무사의
재건축
재개발
세무
가이드북
실전 편

실수집에이 농치지 쉬운 재건축·재개발
세무 설명를 맞추 다양화한다

부린이 탈출을 위한
부동산
투자입문서

대한민국 부동산 초보자가 꼭 알아야 할
돈 버는 투자의 정석

신神의 재테크
GPL 아파트 담보대출로
매일매일 돈 벌어주는
남자

현명한 부동산 투자의 시작
숨어 있는
토지 개발로
10억
만들기

개발해서 돈 되는 땅은 따로 있다!

부자의 첫걸음
**내 집 마련**

이제는 부자되자, 오늘은 상위 1%, 내일은 수퍼리치

부자 경매의 시작
**알기 쉬운 특수 경매**

돈을 알고 쥐를 동안 알면 누구나 경매 투자할 수 있다!

신방수 세무사의
**확 바뀐 부동산 매매사업자 세무 가이드북**
실전 편

집을 싸게 사려면 내재가치를 마스터하라!
**내 집을 싸게 사는 최고의 방법**

내 집이 거저는 얼마나 될까?
작은 투자금으로 부동산 수익률을 최대화하라

서울시 공정경제과 팀백사가 알려주는
**NEW 상가임대차 분쟁 솔루션**

100가지 상가임대차 분쟁사례를 명쾌하는 맞춤 솔루션!

**멈출 수 없는 UNSTOPPABLE**

공간개발의 미래과제화 부동산 투자의 새로운 시각

신방수 세무사의
**주택임대사업자 등록말소주택 절세 가이드북**

부동산 성공 투자의 시작
**알기 쉬운 경매 실무**

발품 팔면 성공이 보인다

**RESTART 부동산 투자**

아무도 말해주지 않는 불변의 성공비법

백만장자 라이프
**극한직업 건물주**

백만장자 라이프
**꼬마빌딩 건축**

신방수 세무사의
**확 바뀐 상가빌딩 절세 가이드북**

우대방과 함께하는
**성공 부동산 중개사무소 창업**

투명하게 공정하게 부동산 중개 시장을 바꾼다

**지식산업센터 투자의 정석**

**닥치고 현장!**
소액자본으로 **부동산 부자되기**

신방수 세무사의
**부동산 증여에 관한 모든 것**

부자 경매의 시작
**알기 쉬운 기초 경매**

불을 알고 위를 동란 알면 경매는 한다

라셀과 함께 공부하는
**셀프 경매 바이블**

실전 사례로 풀어보는
**상가 셀프 경매의 정석**

**닥치고 현장! 부동산에 미치다**

부동산 투자의 답은 현장에 있다

쉽게 따라 하고
빠르게 도전하는
빌라
투자
방정식

DEVELOPER
부동산 투자의 제4물결
디벨로퍼
경매

부동산 슈퍼리치만 아는
투자 비밀
SUPER RICH

월세
보증금으로
부동산 산다
반값 생활 경매 솔루션

신방수 세무사의
1인
부동산
법인
이렇게 제대로
운영하라!

대박나는 부동산 중개
핵심
공인중개사
실무 교육

실전사례로 알려주는
부동산
경매·공매
특수물건
투자 비법

빌라에서 상가 투자로 건물주 되기
거지였던 나는
상가 투자로
32억
건물주가 되었다

부자 공의 실제주가 되어줄
공매 투자,
지금이 기회다

직장인도 따라 할 수 있는
별장·펜션 창업

부동산 투자, 제대로 하려면 성공하려 하라
한 권으로 끝내는
토지 투자 성공공식

임장의 여왕이
알려주는
부동산 투자 전략

'발칙한 발상'이
부동산 성공 투자를
부른다
토지 상가의 성공 투자법

가로주택정비사업 A to I 2가지
미니
재개발·재건축의
모든 것

당신의 경매 탈출구가 되어줄
미니
이기는
부동산 경매의
비밀

종·부세
핵폭탄 대비하는
완벽 솔루션

신방수 세무사의
이제 부동산 세금을 알아야
주택 보유 &
처분
할 수 있는
시대다

투자 전, 꼭 알아야 하는
상가임대차법

Real Estate Auction
부동산 경매,
초보에서
탈출하라

우대왕의 내 집 마련 콘서트
초규제 시대,
부동산 투자의 정석

수익형 부동산 건축과 재테크 투자 비법
**헌집 살래 새집 살래**
건축을 알면 알짜 부동산이 한눈에 보인다!

**부자 되는 주택 임대 사업**
이제 대세는 수익형 부동산이다
평생 돈 걱정 없이 사는 월세 부자 되기

**돈 버는 공인중개사는 따로 있다**
이젠 경쟁력이 없고
수익을 만들어는 부동산 중개 노하우

**전세가를 알면 부동산 투자 가 보인다**
시장 심리를 파악하면, 투자 흐름이 보인다!
부동산 가격 변화의 비밀 '입지, 전세, 갭투'

서울시 공정경제과 주무관이 알려주는
**부동산 거래와 판례**

**스타들의 부동산 재테크**
스타들이 사랑받보다 더 궁금한
그들만의 부동산 투자
스타가 좋아하는
부동산은 따로 있다?

**지분 경매로 토지 개발입자 되기**

**부동산 재테크 역세권 이 답이다**
철도 & 역세권 15년 경력의 노하우

세무사 3인이 알려주는
**세무조사 대비 의 모든 것**

**주택 연출가 무조건 따라하기**

커피 한 잔 값으로 초대형 오피스 주인 되기
**리츠 얼리어답터**

고수익을 안겨주는 블루오션 토지 경매
**신의 한 수 금맥 경매**
토지 경매로 금맥을 캐다!

**주택 아파트 세무 가이드북**
실전편

**권리분석 완전정복으로 10년 안에 10억 벌기**

**대한민국을 움직이는 땅 투자 법칙 100**

흔한 직장인의 흔하지 않은 투잡 경매 성공기
**돈의 보감 평범한 샐러리맨, 투잡 경매로 5년에 10억 벌다**
경매도 재테크하고
N잡으로 두 번째 월급 받다

**나는 갭 투자로 300채 집주인이 되었다**
아파트 300채 부자
박정수가 공개하는
화제의 투자법 대공개!

**토지 세무 가이드북**
실전편
"토지재테크에 있어 세금전략은
선택이 아니라 필수다!"

부동산 강·금액, 분양, 입찰 세매를 통한
新 **상가 투자 보물 찾기**

상가투자자와 공인중개사도 꼭 알아야 하는
**상가 세무 가이드북**
실전편
"상가관리에 있어 세금전략은
선택이 아니라 필수다!"

두드림미디어
dodreamedia
경매·경영, 재테크, 자기계발, 실용서 전문 출판 임프린트

(주)두드림미디어 카페
https://cafe.naver.com/dodreamedia

Tel · 02-333-3577 E-mail · dodreamedia@naver.com